ADVERTISING DESIGN AND PRODUCTION

总主编　林家阳

广告设计与制作
（第二版）

朱海辰　编著

中国轻工业出版社

图书在版编目（CIP）数据

广告设计与制作 / 朱海辰编著. —2版. —北京：中国轻工业出版社，2024.1

ISBN 978-7-5184-2979-0

Ⅰ. ①广… Ⅱ. ①朱… Ⅲ. ①广告设计—教材 Ⅳ. ①F713.81

中国版本图书馆CIP数据核字（2020）第068693号

责任编辑：毛旭林　　责任终审：劳国强　　整体设计：锋尚设计

策划编辑：毛旭林　　责任校对：方　敏　　责任监印：张　可

出版发行：中国轻工业出版社（北京鲁谷东街5号，邮编：100040）

印　　刷：艺堂印刷（天津）有限公司

经　　销：各地新华书店

版　　次：2024年1月第2版第5次印刷

开　　本：889×1194　1/16　印张：8.75

字　　数：150千字

书　　号：ISBN 978-7-5184-2979-0　定价：58.00元

邮购电话：010-85119873

发行电话：010-85119832　010-85119912

网　　址：http://www.chlip.com.cn

Email：club@chlip.com.cn

240025J2C205ZBW

序一

PROLOG 1

中国的艺术设计教育起步于 20 世纪 50 年代，改革开放以后，特别是 90 年代进入一个高速发展的阶段。由于学科历史短，基础弱，艺术设计的教学方法与课程体系受苏联美术教育模式与欧美国家 20 世纪初形成的课程模式影响，呈现专业划分过细，实践教学比重过低的状态，在培养学生的综合能力、实践能力、创新能力等方面出现较多问题。

随着经济和文化的大发展，社会对于艺术设计专业人才的需求量越来越大，市场对艺术设计人才教育质量的要求也越来越高。为了应对这种变化，教育部将“艺术设计”由原来的二级学科调整为“设计学”一级学科，既体现了对设计教育的重视，也是进一步促进设计教育紧密服务于国民经济发展的必要。因此，教育部高等学校设计学类专业教学指导委员会也在这方面做了很多工作，其中重要的一项就是支持教材建设工作。

在教育部全面启动普通本科院校向应用型本科院校转型工作的大背景下，由设计学类专业教指委副主任林家阳教授任总主编的这套教材，在强调应用型教育教学模式、开展实践和创新教学，整合专业教学资源、创新人才培养模式等方面做了大量的研究和探索；一改传统的“重学轻术”“重理论轻应用”的教材编写模式，以“学术兼顾”“理论为基础、应用为根本”为编写原则，从高等教育适应和服务经济新常态，助力创新创业、产业转型和国家一系列重大经济战略实施的角度和高度来拟定选题、创新体例、审定内容，可以说是近年来高等院校艺术设计专业教材建设的力度之作。

设计是一门实用艺术，检验设计教育的标准是培养出来的艺术设计专业人才是否既具备深厚的艺术造诣，实践能力，同时又有优秀的艺术创造力和想象力，这也正是本套教材出版的目的。我相信在应用型本科院校的转型过程中，本套教材能对学生奠定学科基础知识、确立专业发展方向、树立专业价值观念、提升专业实践能力产生有益的引导和切实的借鉴，帮助他们在以后的专业道路上走得更长远，为中国未来的设计教育和设计专业的发展提供新的助力。

教育部高等学校设计学类专业教学指导委员会原主任

中国艺术研究院 教授 / 博导 谭平

谭平

序二

PROLOG 2

办学，能否培养出有用的设计人才，能否为社会输送优秀的设计人才，取决于三个方面的因素：首先是要有先进、开放、创新的办学理念和办学思想；其二是要有一批具有崇高志向、远大理想和坚实的知识基础，并兼具毅力和决心的学子；最重要的是我们要有一大批实践经验丰富、专业阅历深厚、理论和实践并举、富有责任心的教师，只有老师有用，才能培养有用的学生。

除了以上三个因素之外，还有一点也非常关键，不可忽略的，我们还要有连接师生、连接教学的纽带——兼具知识性和实践性的课程教材。课程是学生获取知识能力的宝库，而教材既是课程教学的“魔杖”，也是理论和实践教学的“词典”。“魔杖”通过得当的方法传授知识，让获得知识的学生产生无穷的智慧，使学生成为文化创意产业的有生力量。这就要求教材本身具有创新意识。本套教材从设计理论、设计基础、视觉设计、产品设计、环境艺术、工艺美术、数字媒体和动画设计等八个方面设置的 50 本系列教材，在遵循各自专业教学规律的基础上做了不同程度的探索和创新。我们也希望在有限的纸质媒体基础上做好知识的扩充和延伸，通过本套教材中的案例欣赏、参考书目和网站资料等，起到一部专业设计“词典”的作用。

我们约请了国内外大师级的学者顾问团队、国内具有影响力的学术专家团队和国内具有代表性的各类院校领导和骨干教师组成的编委团队。他们中有很多人已经为本系列教材的诞生提出了很多具有建设性的意见，并给予了很多有益的指导。我相信以我们所具有的国际化教育视野以及我们对中国设计教育的责任感，能让我们充分运用这一套一流的教材，为培养中国未来的设计师奠定良好的基础。

教育部高等学校设计学类专业教学指导委员会副主任

教育部职业院校艺术设计学类专业教学指导委员会原主任

同济大学教授 / 博导 林家阳

第二版前言

FOREWORD

广告设计是高等院校艺术设计专业的必修课程，同时也是现代创意产业重要的经济门类。因此，《广告设计与制作》教材的编写不仅将影响院校课堂，更关系到我国在新一轮全球经济大潮中的机遇和挑战，是一个重要而紧迫的问题，但是从目前国内教材出版的现状来看，情况是不乐观的。

国内出版的部分同类教材，长期存在以下问题：

（1）重理论，轻实践。往往用大量篇幅讲述所谓理论知识，忽视对课堂教学实践的指导和示范，忽视对广告实战情境的介绍和分析。

（2）抓不住核心知识，填塞无用知识。很多教材框架不严谨，或大而无当，或混淆不明，把无关内容一并塞进书里，以此混充篇幅。

（3）信息陈旧，内容严重落后于行业发展，把大量已经没有引领意义的作品当范例举出，仿佛我们还身处 20 世纪 80 年代。

最严重的问题是，现代广告是一个综合性学科，不是搞图文制作的，徒然讲点字体、编排、色彩之类的内容解决不了问题。不幸的是，很多教材对广告的认识依然停留在这样一个水平上。

针对上述问题，本教材把创意与策划知识作为课程的起点，传授技能背后的知识与智慧，在塑造学生的综合能力的基础上，完成美学与技能的训练。本书所举的教学案例都是笔者课堂教学的成果，它们来自中国美术学院、国际学生 workshop，具有较强的启发性和示范性。参照这些案例，广大师生可以很快进入模拟的实战情境，也可以据此来检验自己的教学质量。

笔者在国内一流高校从教 20 年，并且长期从事一线实践和学术理论研究。丰富的实战经验，深厚的学术理论基础，开阔的国际视野，将是本教材的三大综合优势，希望与大家分享。

教材是学校教育教学、推进立德树人的关键要素，是国家意志和社会主义核心价值观的集中体现。本教材在遵循学科特点和教育教学规律的基础上，致力于充分发挥教材铸魂育人的功能。本教材的重印工作，更是本着以习近平新时代中国特色社会主义思想为指导、推进党的二十大精神进教材、促进艺术类专业学生德艺兼修的出发点，在教学内容中重点增补了相关思政训练项目。希望本教材能够成为设计类专业的实用好教材，为广大师生提供有益的参考与借鉴。

朱海辰

课时安排

建议课时80

章 节	课 程 内 容		课 时	
第一章 不懂理论就 没有发言权： 广告的概念与原则 （8 课时）	第一节　什么是广告		2	8
	第二节　广告的发展历史		2	
	第三节　广告设计的原则		2	
	第四节　广告的参与者		2	
第二章 实践是掌握技能 的唯一途径： 广告的实战与实训 （60 课时）	第一节　文化公益性平面广告	1. 课程要求	4	20
		2. 实训案例	8	
		3. 知识点	8	
		4. 实践程序		
		5. 延伸阅读与参考资源		
	第二节　商业平面广告	1. 课程要求	8	20
		2. 实训案例	8	
		3. 知识点	4	
		4. 实践程序		
		5. 延伸阅读与参考资源		
	第三节　空间与行为广告	1. 课程要求	8	20
		2. 实训案例	8	
		3. 知识点	4	
		4. 实践程序		
		5. 延伸阅读与参考资源		
第三章 视野与品位 决定高度： 全球广告精品赏析 （12 课时）	第一节　平面广告		4	12
	第二节　售点广告		4	
	第三节　户外广告		4	

目录

CONTENTS

第一章

不懂理论就没有发言权：广告的概念与原则

第一节　什么是广告

第二节　广告的发展历史

第三节　广告设计的原则

第四节　广告的参与者

在本教材里，这一章属于理论版块，介绍广告设计的概念范畴、操作原则与发展历史。理论知识浩如烟海，此处选取最基本、最实用的主干，以最简明的语言陈述，帮助学生迅速掌握。

广告是一种复杂的社会行为，但最核心的两点是不变的：

一、广告的目的是传播、鼓动和促销，脱离实际目标的行为就算不上是广告。

二、广告的具体形式是多样的，也是随技术和文化发展而变化的。

第一节　什么是广告

1. 广告的概念

广告是为了某种特定的需要，通过一定形式的媒体，公开而广泛地向公众传递信息的宣传手段。广告内容有两种：一是经济性的，二是非经济性的。经济性广告又称商业广告，是以盈利为目的的广告，它们是商品生产者、经营者和消费者之间沟通信息的重要手段，是企业占领市场、推销产品、提供劳务的重要方式。非经济广告不以盈利为目的，又称效应广告，如政府行政部门、社会性机构乃至个人的各种公告、启事、声明等，主要目的是推广政策或理念。广告一词源于拉丁文advertere，其意为注意、诱导、传播。中古英语时代（约公元1300—1475年）演变为advertise，其含义衍化为“使某人注意到某件事”，或“通知别人某件事，以引起他人的注意”。17世纪末，英国开始进行大规模的商业活动，广告一词便广泛地流行并被使用，此时的“广告”已不单指一则广告，而是指一系列的广告活动——静止的、物的概念名词Advertise被赋予现代意义，转化成为“Advertising”。汉语中的“广告”一词则于近代从日文中引用而来。

2. 广告的类型

① 按照发布媒体分类：纸媒广告、电视广告、广播 广告、户外广告、售点广告、网络广告。

② 按照传播对象分类：消费广告、企业广告。

③ 按照行为目的分类：商业广告、公益广告、政治宣传广告。

④ 按照传播范围分类：国际性广告、全国性广告、地方性广告、区域性广告。

3. 广告的传播

现代广告一般通过特定的媒介，把信息传递到受众，可采用的传播手段有以下几种：

① 利用报纸、期刊、图书、名录等刊登广告。

② 利用广播、电视、电影、录像、幻灯等播放、播映广告。

③ 利用街道、广场、机场、车站、码头等场所的建筑物或空间设置路牌、霓虹灯、电子显示牌、橱窗、灯箱等形式的广告。

④ 在影剧院、体育馆、文化馆、展览馆、宾馆、饭店、游乐场、商场等场所内外设置、张贴广告。

⑤ 利用车、船、飞机等交通工具设置、绘制、张贴 广告。

⑥ 通过邮局邮寄各类广告宣传品。

⑦ 利用馈赠实物的形式进行广告宣传。

⑧ 利用互联网手段，比如在网站页面上发布广告或向受众邮箱发送Email广告。

⑨ 利用电信手段传播，比如电话广告、短信广告。

★思政训练

学习“绿水青山就是金山银山”的科学论断，整理研究当代公益环保主题平面广告。

第二节　广告的发展历史

1. 广告的原始形态

（1）叫卖与声音广告

广告是因人们传播信息的需要而产生的一种行为方式。最早的商业行为是“以物易物”，因此最早的广告肯定是通过手势和语言交流而进行。商人、小贩的口头吆喝与哼唱，就是一种广告。《楚辞·天问》中写道“师望在肆……鼓刀扬声”，意思是说姜子牙在被周文王起用之前，曾在集市中屠宰卖肉，举刀吆喝，招揽顾客。

古希腊、古罗马的商业非常发达，商业是它们经济的命脉。古希腊雅典城内，有一种管理街道的半官方人员，经常在大街上叫喊，告知民众各种商业行情。在古罗马，据说迦太基商人的叫卖声最为动听，他们把叫卖内容编成歌曲小调，还配以发声工具。

走街串巷的小贩，很多依靠声音作为广告。根据《诗经》记载，我国早在西周时期，卖糖食的小贩就已经采用箫管为工具，来招揽提醒顾客。行商小贩的声音工具各不相同，可以根据摇、打、划、吹等不同声音来区分行业。比如货郎打“小铜锣”、摇“拨浪鼓”，卖油郎敲“油梆子”，磨刀人用“铁滑链”。

叫卖作为一种初级形态的广告，始终没有退出历史舞台。在中世纪的欧洲，因为僧侣阶层垄断了读书识字的权利，使得商人阶层普遍没有文化，做广告进一步依赖口头叫卖。12世纪初，法国国王路易七世特许一支12人组成的口头广告组织，在境内进行商业叫卖活动。叫卖人与商家签订协议，提供有偿服务。有的叫卖人把民间曲调和广告吆喝词句结合起来，使之广为流传。

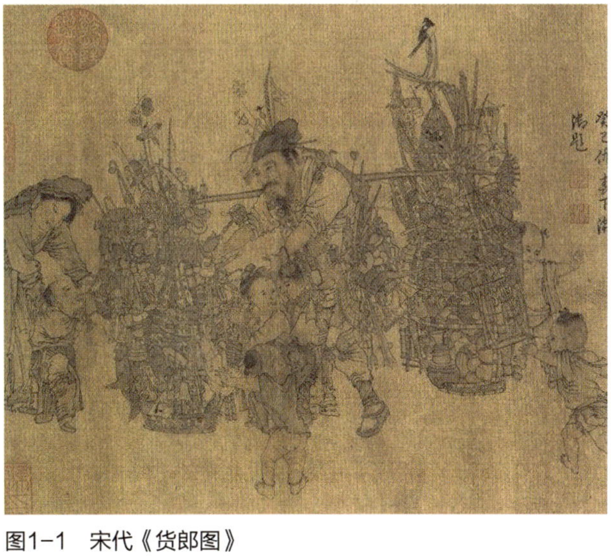

图1-1　宋代《货郎图》

（2）实物广告

与“以物易物”相伴随的是实物广告，也是一种原始的广告形式。我国战国时期《晏子春秋》记载“君使服之于内，犹悬牛首于门，而卖马肉于内也。”说明当时卖肉的商家，会将牛头等物陈列在门口，作为一种实物招揽广告。

据《韩非子》记载：宋人有酤酒者，量酒公平，遇客甚谨，为酒甚美，悬帜甚高。而所谓悬帜，指的是把酒旗或相关的商品实物高悬，作为广告招引。据《史记·司马相如列传》记载：相如置一酒舍酤酒，而令文君当垆——就是在店门口垒个“垆”，文君在垆前卖酒做广告。同理，卖扫帚的就在店前悬把扫帚，卖药的就悬个葫芦，即为中国古代的实物广告。

（3）店招广告

随着人们商业活动地点的固定，出现了专门的店铺形式，于是招牌、招幌广告开始兴盛起来。招牌多用木料制作，招幌多用布料制作。上面写的一般都是店铺的名字字号，或者店铺的标记。名号标记广告的出现，说明商家已经开始具有初步的品牌意识。《梦粱录·茶肆》记载了“俞七郎茶坊”“蒋检阅茶肆”等商家名字。

一些商家给店铺取的名字，不仅起到识别作用，而且寄托深层的含义。比如老字号同仁堂药店，取名源于“童叟无欺”。全聚德烤鸭店的名字源于“以德聚全，以德取财”“全仁聚德，财源茂盛”等义。

唐宋时期，酒楼饭馆业兴盛起来，灯笼广告开始出现。灯笼广告白天醒目，夜晚更加漂亮，而且可以根据店家售卖物品的不同，而做成不同的灯笼造型，酒

图1-2　张择端的《清明上河图》（局部）

从图中可以看到北宋时期街面上丰富的招牌、招幌及沿途吆喝、唱卖等各种初级的广告形式。

楼悬挂酒瓮造型的灯笼，药店悬挂葫芦造型的灯笼，顾客远远看去一目了然。

在唐宋诗词中，我们经常读到一种酒旗广告，比如杜牧《江南春绝句》中“千里莺啼绿映红，水村山郭酒旗风”；张籍《江南行》中“长干午日沽春酒，高高酒旗悬江口”。

（4）文字与广告

文字发明以后，人们开始在各种媒材上制作广告，比如石壁、墙壁、木柱，也开始使用纸张、布料等人造材料绘制广告。

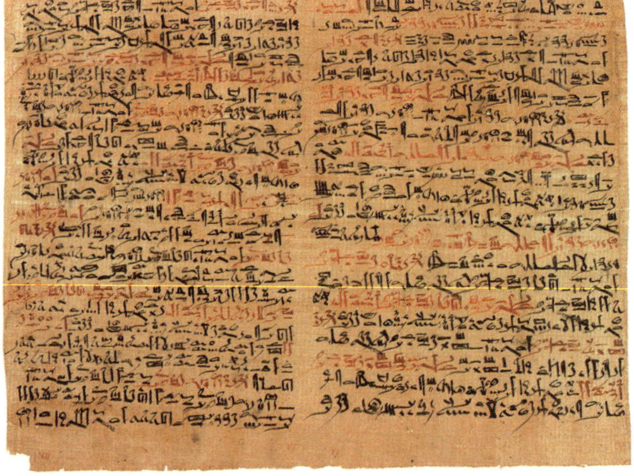

图1-3　古埃及莎草纸上的广告

保存至今的最早的纸质广告发现于尼罗河畔的古城底比斯，是一份写在莎草纸上的悬赏广告，是当时埃及一位奴隶主悬赏缉拿逃跑的奴隶而写的——“奴仆谢姆从织布店主人哈布处逃走，坦诚善良的市民们，请协助将其带回。他身高5英尺2英寸，面红目褐，有告知下落者，奉送金环一只；将其带回店者，奉送金环一副。”署名是“能按您的愿望织出最好布料的织布师哈布”。

公元前6世纪的罗马帝国，因为商业繁荣，城市里到处树立着招牌广告，杂乱不堪，影响市容。后来政府下令一律拆除，改用墙面做广告。因此古罗马时期的城市里墙面布满广告，这可以从庞贝古城遗迹得到验证。在火山灰覆盖下的庞贝城里，考古人员发现了不计其数的广告，其中墙面广告就有1600多处，内容有推销商品、文艺演出、寻人启事、政治竞选等。有一则广告写道“一队造营房的武士，在5月31日进行比武，同时还有斗兽，有遮阳光的棚子”，招揽大家去观看比武斗兽，从广告内容来看，场地应该是比较简陋的。

庞贝古城还有一则广告写道“在阿里安的波利安住宅区，格纳维斯的不动产从7月15日开始出租。房子是带有住宅的店铺和供骑士们居住的房间，如要租用，向格纳维斯的奴隶提出申请”。从这个广告可以看出，拥有公民身份的商人和骑士才有资格租房，奴隶没有。此外，在财务颇丰的房东家里，由奴隶来掌管

图1-4　火山灰中挖掘出来的古罗马庞贝城

图1-5　古罗马庞贝城中发现的一则广告，用尖锐的工具刻制在墙面上

打理日常财务。这是广告留给后人的丰富的社会文化信息。所以说，广告虽然因商业目的而生，但是它的存在，为人类社会保留了大量的历史文化信息，是一种重要的文本。

罗马帝国时期的腓尼基人生活在地中海沿岸，他们擅长经商和航海，为了推销自己的货物，在贸易大道两旁的山岩上，写下或画上颂扬自己货物的广告。

在我国，对联曾经被用来作为广告。相传明太祖朱元璋曾经为一家阉猪铺子写下“双手劈开生死路，一刀割断是非根”的对联，不失为一幅幽默生动的广告。传说明代文人唐伯虎曾为一家新开商号写对联曰“生意如春水，财源似水泉”。清代传有理发店一副对联“相逢尽是弹冠客，此去应无搔首人”，将吉祥含义融合在理发店的经营业务里。

2. 大众传媒时代的广告

（1）印刷术与广告

雕版印刷术在我国隋唐时期就已经成熟发展起来，并且很快被应用到商业广告领域。北宋时期（公元960—1127年）刘家针铺用作广告印刷的雕刻铜版，证明了当时就有印刷载体的广告存在。这也是目前全世界保存至今最早的印刷广告相关实物。

印刷广告在我国继续发展。湖南境内曾经出土两张元代的产品包装纸，上面印有商品广告。纸有一尺见方，正反面都印有文字和图案。看文字内容，是当时长沙（当时叫潭州）城内一家油漆店的广告，说明了其产品的性能与特点，以及售卖商品的地点。

明清时期，书籍印刷行业特别兴旺，各地书商、印刷商利用书籍作为广告载体，以此来推销书籍。如明朝某刊本《西厢记》于书尾刊广告“本坊谨依经书重写绘画，参订编大字本，唱与图合，使寓于客邸，行于舟中，闲游坐客，得此一览始终，歌唱了然，爽人心意”，阐明了这一版本的特点与优势。

清代木版年画流行，家家户户张贴年画，商家们开始利用年画作为广告载体，把商业信息植入年画内容中。有的商家还把年画当包装纸用，如苏州桃花坞的“四时名点”包装纸，印有三国演义的戏文插画，把广告和包装功能融为一体。

图1-6　刘家针铺广告。左图为铜版，右图为印刷件

广告正中有店铺标记“白兔捣药图”，旁注“认门前白兔儿为记”下方广告文字“收买上等钢条，造功夫细针。不误宅院使用，转卖兴贩，别有加饶，谓记白。”

15世纪中期，活版印刷术在欧洲普及开来，伴随着西方发达的经济体系，人类的信息传播进入了一个新的时代，即大众传媒时代。招贴、传单、报纸广告等纸质媒体得到了迅猛发展。

目前保存最早的西方纸质广告，是英国一家出版商推销宗教书籍的广告，上面内容“需要购买用这个字体印刷成美丽无误的灵魂符咒的二、三礼拜规则的僧侣或其他人，请到威斯特敏斯特施舍分配所挂有红竖线招牌的店铺里去，价格便宜，请勿撕掉”。

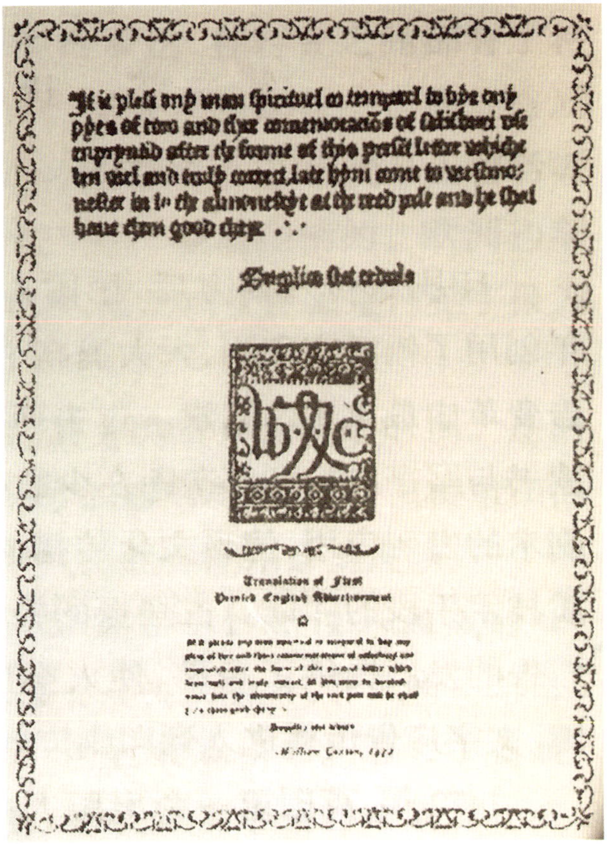

图1-7　西方保存至今最早的纸质广告

由当时著名出版人威廉・坎克斯顿印发。广告的中心图案就是该出版商的商号标志，运用在他出品的所有书籍产品中。

十三四世纪的时候，欧洲出现了一种“新闻信”的媒介，专门报道商品信息、市场行情。十五六世纪，威尼斯出现了最早的手抄报纸，上面记载了商业与交通信息。

16世纪以后，随着资本主义经济的蓬勃发展，出现了定期出版的报纸，这为广告业提供了前所未有的巨大舞台。关于世界上第一份报纸广告，目前存在两种不同说法。一种认为是1925年英国《信使报》刊载的一则图书出版广告。另一种意见认为是1950年英国《新闻周报》刊载的“寻马悬赏启事”，有人为寻找丢失的12匹马登载了这个广告。

1666年，《伦敦报》开辟了一个广告专栏，这是世界上最早的报纸广告专栏，被其他各家报社纷纷模仿。广告开始成为报社的一项重要经济来源。1729年，富兰克林在美国创办《宾夕法尼亚时报》，居然把广告

图1-8　第二次世界大战以后是彩色杂志广告的黄金时代。图为航空公司的杂志内页广告

的位置放置在报头下方，社论的前面，凸显了商业广告的重要性。发展到后来，除了商家以外，连市民百姓也开始利用报纸发布私人广告，招寻奴仆、职业等。

18世纪中期，欧洲发达国家开始出现专职的广告画家，他们为报纸上的广告绘制插画。据说当时炙手可热的广告画名手一幅作品可以得到500英镑的报酬。广告，尤其是平面印刷广告为20世纪的历史留下了丰富的视觉遗产，我们可以从百年来的广告中细腻地体会人类社会发展的足迹。广告，逐渐成为现代社会的

图1-9　20世纪上半叶西方国家的黑白报纸广告

图1-10　20世纪上半叶的商业招贴广告，招贴曾经是欧美国家重要的户外广告媒介

图1-11　20世纪20年代的服饰品牌广告，带有鲜明的殖民主义印记

一种文化生产与传播方式，一种生活与创造的重要手段。广告设计师把鲜活的现实观察、丰富的文化素材融入到广告创作中。广告已经不仅仅是一种功能性的传播手段，而是当代社会不可缺少的视觉艺术形式。

（2）广告代理行业的出现

随着广告产业的不断扩大发展，出现了专业的广告代理商、广告公司，广告业不断地走向专业化。

广告代理商最早出现在英国。1610年，英王詹姆斯一世在位期间，两位骑士合伙成立了世界上第一家广告代理机构。1612年，法国人紧随其后，创立了一家名为“高格德尔”的广告代理机构。

1841年，美国费城出现了第一家现代意义上的广告公司。这家公司一开始做的是媒体代理服务，专门为商家购买报纸广告位，至于广告文图的设计工作依旧由报社承担。广告业务的具体经营从报社独立出来，有助于增加报社收入并提高报社工作效率。

广告行业从萌芽到发达，经历了专业化、规模化等不同发展阶段。早期广告商的职能主要是推销媒体，后来逐渐发展到营销策划、广告制作等策略性工作。1869年美国“艾耶父子广告有限公司”在费城成立，这家公司为客户提供如下服务：制定广告策略与计划，撰写广告文案，设计广告版面，跟踪广告效果，涵盖了一家现代广告公司的基本功能。

进入20世纪中后期，以美国为代表的西方国家的大型公司进行了大规模的跨国发展，为发展中国家提供了现代广告业的模式和经验。

（3）广告与电子媒介

20世纪初期，人类发明了广播、电视等电子媒体，并

图1-12 酒广告招贴 / 皮埃尔 / 法国 / 1936

20世纪上半叶，欧洲国家出现了一批富有个人艺术风格的广告插画师，他们所创作的广告画具有鲜明的个人风格，与相对模式化的美国商业广告相比，具有浓郁的个人风格与文化艺术特色。

图1-13 巴黎旅游广告招贴 / 塞维尼卡 / 法国 / 1951

图1-14 20世纪90年代苹果电脑的广告

借用文化界名人形象（摇滚音乐家列侬和他的妻子大野洋子）来展示特立独行的品牌形象，广告语think different至今为人津津乐道，成了一种深刻的文化烙印。

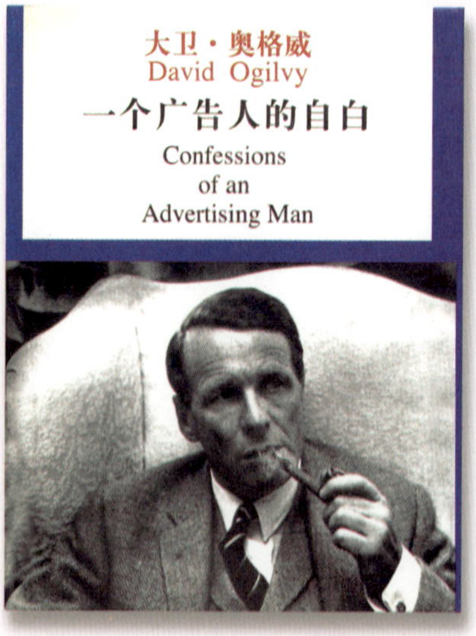

图1-15 《一个广告人的自白》

大卫·奥格威是国际著名广告公司奥美的创始人，他的经典著作畅销半个多世纪不衰。奥格威在著作中清晰地表明：现代广告不是单纯的美学活动，而是一种集合了营销、管理、心理、传媒、艺术等多种学科的生产服务活动。

很快利用这些媒体进行广告发布。人们开始生活在充满广告资讯的世界里。

1922年，美国商业广播电台WEAF面向商家出售广告时间段，它是世界上最早开播广告业务的电台。到了1930年，收音机在美国家庭的覆盖率达到50%以上，广播广告进入了黄金时代。直到第二次世界大战爆发，广播成为当时的第二大传播媒介（排第一的是报刊等印刷媒介）。

继广播之后，电视成长为有一个举足轻重的电子媒介。早期电视没有商业广告内容，直到1941年美国的电视台开始率先播放商业广告。大规模的电视商业广告事业是在“二战”之后发展起来的，这取决于电视机的普及率。20世纪50年代彩色电视机发明并普及以后，电视广告迅猛发展，逐渐成为广告业最重要的媒介之一。

（4）广告成为文化

广告的设计与制作，与最新科技、时尚文化有着密不可分的联系，在与人类社会经济生活的高度融合之后，产生了巨大的社会影响力，甚至成为一种提出与引导社会文化动向的制作行为。一些富有远见卓识的广告人创作出别具一格的广告，提倡或主张某种富有积极意义的生活理念，这使得广告在20世纪后期逐渐成长为一种具有巨大社会文化意义的文本工具。

随着广告事业的发展壮大，大批富有原创思想，对社会生活、经济活动具有深刻洞察力的广告人涌现出来，他们著书立说，发表评论和演讲，不仅为广告行业增加智慧，也为整个人类社会贡献了独到的见解与思想。

印刷传播时代到来

1441	古登堡在欧洲发明活字印刷术。
1472	英国出版人开始印刷招贴广告来宣传书籍产品。
17世纪初	报纸出现。
1610	在英国出现了第一家广告代理商。
1622	伦敦《新闻周刊》刊载了一则“寻马悬赏启事”，被认为是最早的报纸广告。
1655	“广告”作为专业术语第一次被使用。
1666	《伦敦报》上开辟了一个广告专栏。

工业革命与消费者社会出现

19世纪50年代	首批品牌出现在商店里，比如贝克牌巧克力。
1869	美国“艾耶父子广告有限公司”在费城成立，这家公司具有现代广告公司的基本特征，经营重点是为客户服务，而不是过去的推销报纸版面。
20世纪初至30年代	邮寄广告测试系统开始被运用。
1911	美国通过《普令泰因克广告法草案》，监督广告行业道德。

广告公司代理制时代

1917	美国广告公司协会（American Association of Advertising Agencies，简称4A）成立。
1922	广告业围绕客户服务、品牌诉求和形象诉求等理念开展工作。
20世纪30年代	美国商业广播电台首先开展广播广告业务。
1938	电台超过杂志，位居广告媒体的第一位。
1950	国际广告协会成立。
20世纪60年代	电视成为重要的广告媒体。
20世纪80年代	有故事情节的广告开始流行。
20世纪90年代	互联网广告时代到来。

图1-16　广告发展的历程

3. 互动参与时代的广告

一百多年来，广告业的理念、方法一直发生着变化与更新，变化的动因来自市场的需求，也来自技术进步、社会文化变迁等方方面面的原因。进入21世纪以后，人类社会的资讯传播方式发生了巨大的变化。在过去，观众只是被动的、单向的信息接收者，现在转而成为信息的创造者和发布者——新兴的“自媒体”平台为此提供了条件。此外，在互联网条件下，人们可以获得的资讯大大增加，20世纪大众传媒时代的广告策划、传播模式已经不能适应新一代消费者挑剔、专业的眼光。广告业务的经营，广告项目的策划与传播，都需要用创新的思维来发展。

当下的广告行为，从过去单一的媒体发布，向综合性的方向发展，特别强调观众的互动和参与环节。这些新兴的广告存在于互联网，以主页、博客、推特等各种方式推广。也存在于现实生活空间，吸引着每一个路人的视线，并且召唤他们参与。

广告已经从报纸、电视、路牌等主流媒体的垄断中突围出来，不断糅进新兴的媒介因素，成为一种日益具有创造力的综合化艺术。

图1-17　锐步 / Animal / 斯德哥尔摩 / 2016

这是体育产品商锐步公司在公共场合安装的一个广告牌，内置测速相机和跟踪仪器，行人跑过广告牌的时候会被测速，如果时速超过17公里就可以解锁柜子，拿走一双锐步新款跑鞋。

图1-18　麦当劳 / DPZ&T / 巴西 / 2019

麦当劳公司在堂食托盘纸上印制了音频波形图，并以广告的形式建议顾客将薯条咬成合适的长度，与托盘纸上的波形图匹配，打开Spotify扫一扫，就可以听到相关的主题音乐。

图1-19　公益组织Misereor / Kolle Rebbe / 德国 / 2014

Misereor是一个公益组织，为了呼吁大众关注并解决贫穷地区儿童的饥饿与监禁问题，他们发起了一次富有高度互动性的捐款活动。活动围绕一个广告牌展开，屏幕上滚动播放着两个画面——一块面包或捆着的双手。捐款者可以拿着自己的银行卡在画面上刷卡，或可切断屏幕中的绳子，让被捆住的双手重获自由。或可切下一块面包，让屏幕上饥饿的人填饱肚子。在刷卡时，银行卡会被扣除两欧元，转入慈善账户。

图1-20　五金零售Clas Ohlson / agency King / 瑞典 / 2019

这是一家五金零售品牌投放的杂志广告。广告页中含有花籽，从杂志上撕下广告页置入花盆，浇水后会发芽开花。广告上推荐读者购买该商家指定的花盆。广告的主题是让该产品伴随读者一起培育、度过美丽的生活。

图1-21 《皮革背后》动物保护公益广告 / 奥美 / 泰国 / 2016

这是一个由善待动物公益组织发起的公益广告活动。在泰国曼谷一家高级皮革制品商店内，奢华的皮制品里面装着血淋淋的动物内脏，使毫无防备的顾客大惊失色。隐藏的摄像机记录下了顾客们受惊的神情。惊心动魄的经历使人们对血腥的行业内幕有了较直观的了解。

图1-22 反虐待儿童公益广告 / 韩国 / 2014

这是放置在公共场所的一块广告牌，人们走近查看时影子就会被灯光投影在广告牌上，就隔在施暴者和儿童之间。参与者可以用影子摆出各种动作阻止施暴者、保护儿童，参与者的影子上还会显示出“虐待儿童，你可以阻止它”及举报热线等字样。

第三节　广告设计的原则

1. 引人注目

广告不是博物馆里的艺术，不要期待人们会主动前往观看。相反，一则广告想要赢得人们的视线，必须依靠“自己的努力”——做到引人注目。据统计，发布在媒体上的广告98%是无人关注的，绝大多数的广告是无效的。这个事实对于把大笔资金用于广告宣传的企业来讲是残酷的，这就需要广告专业人士在“关注度”上格外用心。

广告要做到引人注目，首要一点，广告的画面要尽量饱满有力，饱含强烈的视觉冲击力。剔除与主题无关的、可有可无的要素，保留核心的信息和要素。画面构成要简洁，不要杂乱无章。在色彩表现上，一般而言以鲜艳亮丽为主（具体要根据特定主题和广告类型而定）。

2. 新颖特别

广告要做到引人注目、使人难忘，创意就要新颖。具体体现在：文案是否生动有趣、别具一格？图形是否富有新意、令人耳目一新？很多广告要讲述一个故事，这个故事编写得是否别具一格、出人意料？广告人要在文案、图形、故事等方面开动脑筋，不走寻常路。

3. 明白易懂

广告是一门严肃的专业和学问，但广告作品本身不能以高深、令人费解的面貌出现。相反，广告应当尽可能地以明白清楚、浅显易懂的方式出现，才能达到广泛传播的目的。如何才能做到明白易懂呢？从传播学

图1-23　Sunkist / 日本 / 2012

作为一则推广Sunkist甜橙的广告，再多的言语也许都不如一张甜橙的笑脸讨人喜爱，似笑容一般的切口中显露出鲜嫩多汁的果肉，快速抓住观众眼球的同时也恰到好处地展示了商品诱人的特点。

角度来讲，人们在一般情况下只乐意接受与自己既有经验相符的信息（主动性的学习不包括在内）。因此，广告中谈到的信息、借用的素材，应当是人们已经熟悉了解的——因此广告文案不要采用拗口、生僻的字眼；图形元素要采用人们熟悉的事物，也要符合大家对它的一般性理解；图形风格不要采用过于前卫突兀的形式。总而言之，以受众能够轻松地阅读、理解含义为准。

4. 美观悦人

广告同时是一门艺术，并且在大多数时候是以视觉形式呈现的。让人觉得赏心悦目、讨人喜爱的广告，才能被受众所接受。广告画面美观悦人，有几种具体表现：一是对象本身是美观的，很多大品牌不惜重金约请明星美女担任代言人，就是这个目的。此外，美丽的大自然、可爱的儿童、精美的产品，都是悦人的形象元素。二是画面的艺术质量。同一个模特，不同的制作，视觉效果大相径庭。美好的构思与形象，要通过专业化的、高质素的技术来实现，广告“执行”要到位。

5. 尊重良俗

前面讲过，广告传递的信息，必须符合受众的既有经验。这所谓“既有经验”，一方面是知识性的，另一方面也是道德性的。广告传播的主张，不能触碰法律，不能挑战道德。广告应当引起人们美好的感觉和联想，才能激发人们的好感。此外，这也是为广告的投资人避免不必要的麻烦。

图1-24 Hot & Spicy肯德基 / 奥美广告 / 中国香港 / 2019

图1-25　阿迪达斯公司大型室内广告 / TBWA / 德国 / 2006

adidas

第四节　广告的参与者

1. 出资者

出资者即广告主，通俗一点讲就是“客户”，是指为推销商品或者提供服务，自行或者委托他人设计、制作、发布广告的法人、其他经济组织或者个人。它是市场经济及广告活动的重要参与者，它可以是法人，也可以是自然人。广告主最终决定广告活动的目标受众、发布媒体、经费预算以及广告活动所持续的时间。

2. 制作者

制作者即广告代理商，就是通常所说的广告公司，指由一些创作人员和经营管理人员所组成的，能够为广告客户制定广告计划、商业宣传、制作广告和提供其他促销工具的一个独立性机构。

广告代理商为广告主制作广告，代表广告主购买各种

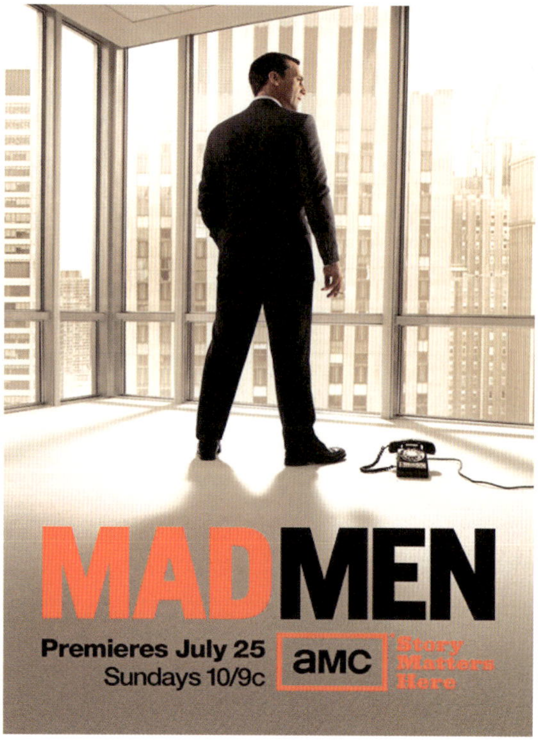

图1-26　美剧《广告狂人》(Mad Men)

图1-27 《广告狂人》中的人物形象

《广告狂人》描述了20世纪60年代美国纽约一批广告人的工作与生活，表现了广告业黄金时代的激烈竞争，真实再现了广告行业的诸多运作细节。

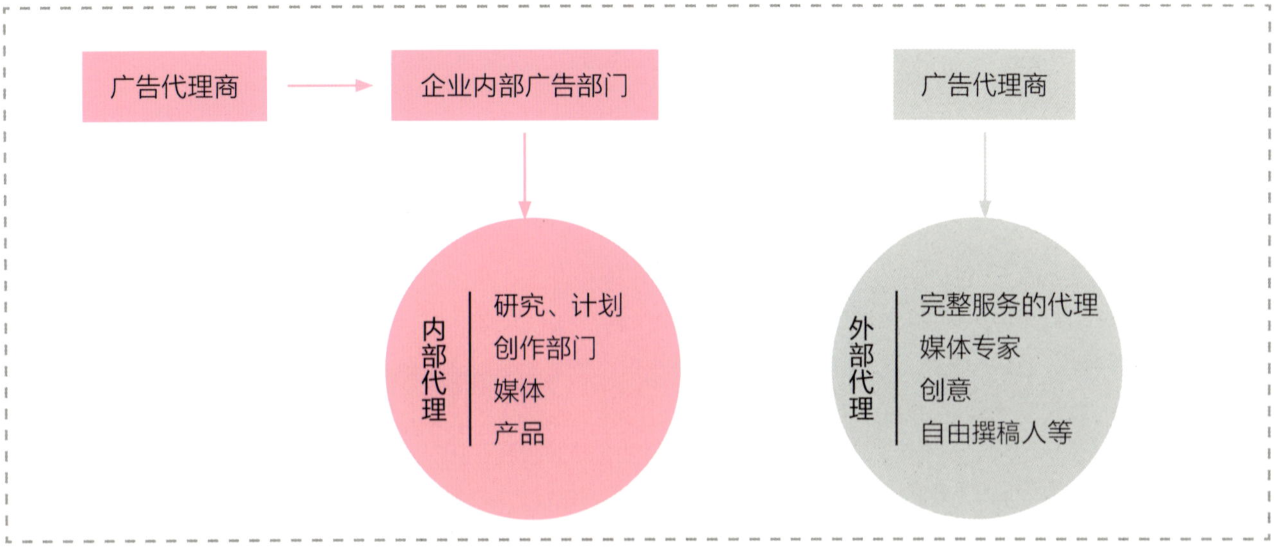

图1-28 广告代理的两种形式

媒体的广告时间和空间，并因此向广告主收取报酬，二者之间是一种经济合作关系。广告代理业是广告客户重要的营销渠道，成熟的广告代理能够提升广告主的广告意识、销售水平。

广告主之所以要选择广告代理，是因为广告主不可能自己完成专业化程度很高的广告行为，越大规模的广告行为，广告主越不可能胜任。但是较大规模的广告主往往设置专门的广告部门，它的主要职能是与广告代理商沟通协调，处理企业广告方面的业务事宜。广告代理也因此而分为两种形式。（图1-28）

3. 传播者

在广告活动中，媒体负责将信息传达给受众，并从事以下活动：a.销售印刷品上的广告空间，比如报纸、杂志、广告牌、直邮广告等。b.销售广播媒体的广告时间，比如电视和电台广播。c.销售电子和其他支持媒体的时间和空间，比如互联网。d.参与媒体选择和分析。e.协助广告的创作生产。

对于广告而言，媒体的重要性一直在变化。传统上是这样理解的：报纸刊物应为第一媒体；广播应为第二媒体；电视应为第三媒体；互联网则应被称为第四媒体；移动网络应为第五媒体（后两项属于新媒体范畴）。但就目前的影响力来看，电视正逐步沦为“第二媒体”——广播的今天就是电视的明天。而互联网逐步上升为“第一媒体”。

4. 接收者：目标受众

广告活动的最后一个参与者是目标受众，他们是广告活动试图影响的具体人群，是所有广告策略的出发点。

为了达到此目标，前面的三个参与者，尤其是广告主、广告代理商必须全面地了解目标受众，研究关于他们的一系列问题，诸如：他们是谁？在哪儿？经济状况如何？他们如何获取日常信息？他们喜爱谁，榜样是谁？他们现有的观念、知识、需求、行为如何？什么因素可激励他们选择广告中所倡导的行为？什么因素会阻止他们选择所倡导的行为？

目标市场是细分的结果。所谓细分，就是按消费者的特征把整个潜在市场细分成若干部分，根据产品本身的特性，选定其中的一部分消费者作为销售目标。企业为什么要细分目标消费者？因为：a.企业能够生产的产品是有限的，而消费者的需求是无限的。企业只能在细分的基础上，选择部分消费者群体作为目标。b.一种商品一般只能满足社会中一部分人的需求。明确销售目标群体，也就明确了广告活动的对象，才能取得有的放矢的营销成果。

第二章

实践是掌握技能的唯一途径：广告的实战与实训

在本教材里，这一章属于实践版块，介绍广告设计的技能方法。第一节注重创意理念和画面形式等基础内容，第二节加入了广告策划和市场营销的知识成分，第三节深化到广告经营的视野层面。

本单元教学是通过介绍和剖析实际案例来进行的，注重启发性和示范性，广大师生可以模拟这些案例来组织教学，并且根据这些高质量的案例来检验自己的教学成果。

第一节　文化公益性平面广告

1. 课程要求

训练目的：1）懂得文化公益性平面广告的创作原则和艺术规律。

2）掌握文化公益性平面广告的设计制作技能。

作业要求：1）根据现实生活中存在的问题，创作一幅平面广告。

2）必须进行前期调研分析，完成书面报告一份。

3）画面形象必须自己制作，禁止使用现成的图片。

4）广告完成后，在问题现场进行发布展示。

项目时间：20课时

相关作业：1）阅读一批人文社会科学书籍。

2）了解西方现代主义的历史。

2. 实训案例

本单元共有三个案例。第一个是业界案例，以笔者的作品《桃李不言——聋人学生平面设计展》为例，介绍文化类平面广告的设计创意过程。第二个是国内教学案例，以笔者指导的学生公益性广告创作为例，介绍公益广告的课堂教学方法。第三个是国际教学案例，以笔者指导的国际学生Workshop为例，讲解分析西方平面广告艺术教育的一些特别经验。（图2-1至图2-3）

图2-1　业界案例

《桃李不言——聋人学生平面设计展》

图2-2　国内教学案例

《我在现场》

图2-3　国际教学案例

《警惕全球变暖》

图2-4 前期拍摄的照片，为后期电脑合成积累素材

图2-5 将前期拍摄的素材进行合成

（1）业界案例《桃李不言——聋人学生平面设计展》

题目：桃李不言——聋人学生平面设计展

作者：朱海辰

说明：该作品是为一次聋人学生的平面设计展览所做的宣传招贴。以摄影及影像后期为手段，营造了一个带有魔幻现实主义色彩的画面。模特是这个班级的学生，她的四个手势分别意指：平、面、设、计。

作品标题采自司马迁的名句“桃李不言，下自成蹊”。此外，对于这幅广告的设计师，也就是这次课程的指导教师而言，“桃李”二字也带有“学生”的含义。该作品发表后获得业界一致好评，先后在世界各地的广告展览中展出，并在波兰、中国等地举办的国际赛事中获奖。（图2-4、图2-5）

（2）国内教学案例《我在现场》

题目：我在现场

指导教师：朱海辰

说明：所谓“现场”，指的是事件、问题发生的现场。在这个练习中，学生们要自己走遍城市的各角落，去发现那里的问题。与教师商量确定选题以后，再对某个问题进行集中的研究。根据研究，学生对这个问题具有一定深度的看法，在此基础上创作一幅公益广告。广告完成后，必须拿到事件发生的现场，展示这幅广告。这次课堂教学活动后来被称为“呐喊”式的创作。（图2-6至图2-14）

图2-6
主题：呼吁关心农民工子女的教育问题
作者：柳丝

图2-7
主题：呼吁关心贫困大学生的经济问题
作者：陈美影

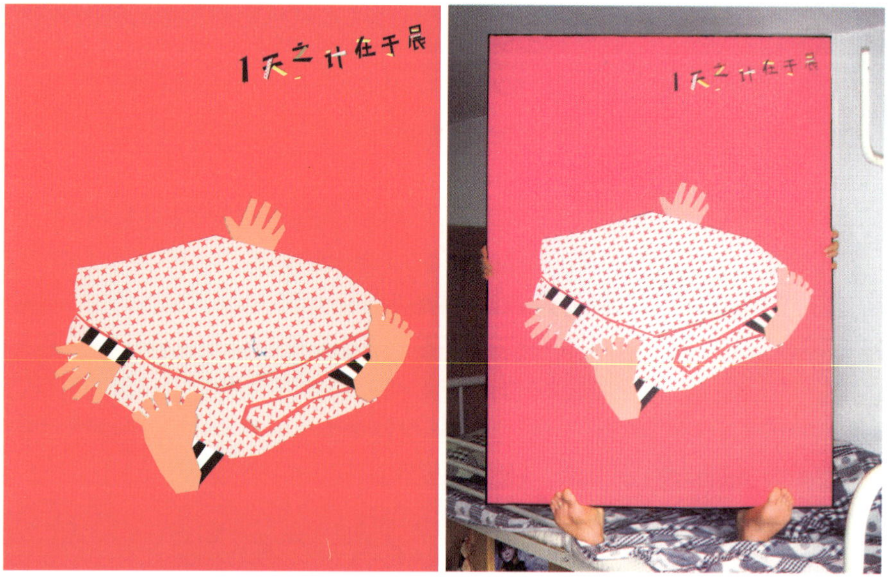

图2-8
主题：呼吁大学生早睡早起
作者：郑晓波

图2-9　主题：呼吁摘掉有色眼镜，消除社会歧视

作者：张雨露

图2-10　主题：呼吁积极参加献血

作者：王海涛

图2-11　主题：呼吁在公交车上给老人让座

作者：段皓

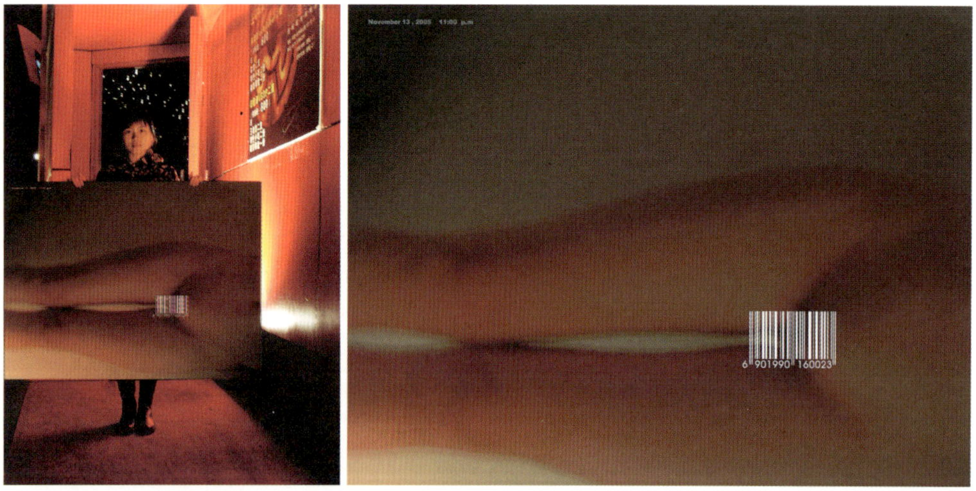

图2-12
主题：呼吁禁止色情业
作者：虞琼洁

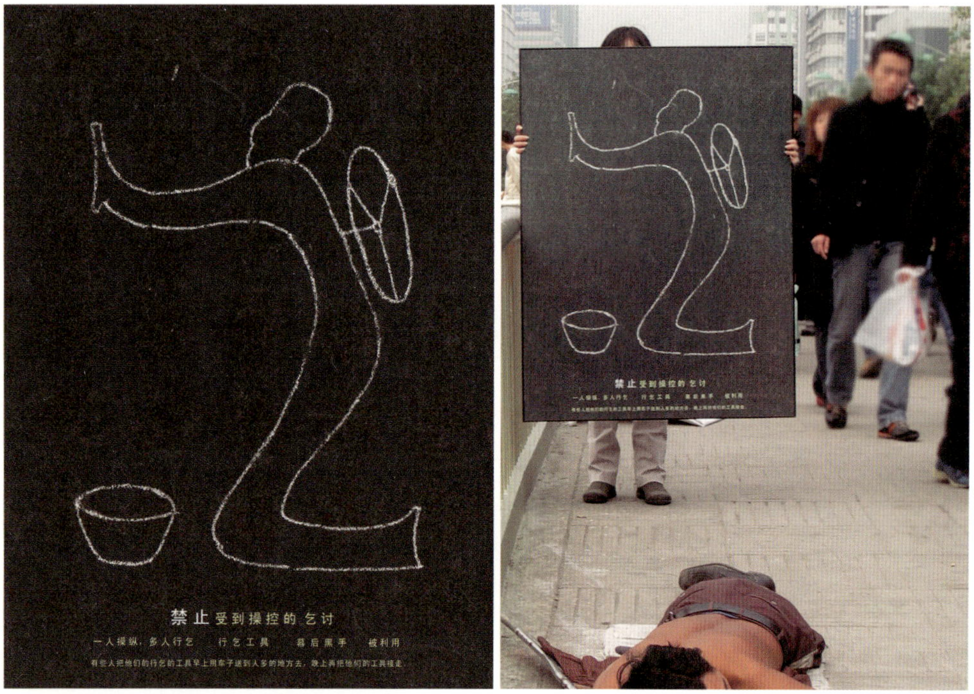

图2-13
主题：呼吁禁止不法人员利用残疾人进行诈骗活动
作者：王丹

图2-14
主题：呼吁父母不要溺爱儿童
作者：宗亮

（3）国际教学案例《警惕全球变暖》

肖蒙海报节（The International Poster and Graphic Design Festival of Chaumont）是国际著名的平面设计与广告设计学术活动，每年一度，在法国肖蒙市举办。活动内容主要包括国际海报设计竞赛、各项专业展览和论坛以及一个国际学生Workshop的创作竞赛活动。

笔者曾受邀担任第11届肖蒙海报节的国际评委，同时兼任国际学生Workshop的指导教师。该教学活动为期三天，教师由各国著名设计师担任，学生来自法国与欧洲各地，可自由报名参加。

第11届肖蒙海报节Workshop的主题是《警惕全球变暖》。按照组委会规定，在整个创作过程中，同学们不能使用电脑设备。因此Workshop的现场充满了手工制作、热火朝天的气氛。

在整个Workshop期间，笔者身临其境，体验到西方现代广告艺术得以发达的文化基础——不断探索视觉艺术创作的新方法、新手段，并且重视方法本身的创新。此外，西方学生善于借助各种设备、工具、材料，挖掘其使用潜能。这些能够从下面列举的现场照片中看出来。

当今西方文化依然具有引领性的优势。视觉艺术领域一百多年来不断推陈出新。创新不是凭空臆想出来的，而是在既定基础上，逐渐逐步改进与突破。受我国应试教育体制的影响，青年学生很容易背负因袭守旧的文化基因，陈旧的教育制度与理念，长期严重阻碍着我国视觉艺术的发展。希望这些热火朝天的“实验”场面，能够给师生们带来启发。

图2-15　海报节活动期间的肖蒙市政广场

图2-16 笔者给学生讲解自己的作品

图2-17 师生自由探讨

图2-18 教师在进行版面编排的指导

图2-19 师生共同探讨版面的构成可能性

图2-20 学生在创作1

图2-21 学生在创作2

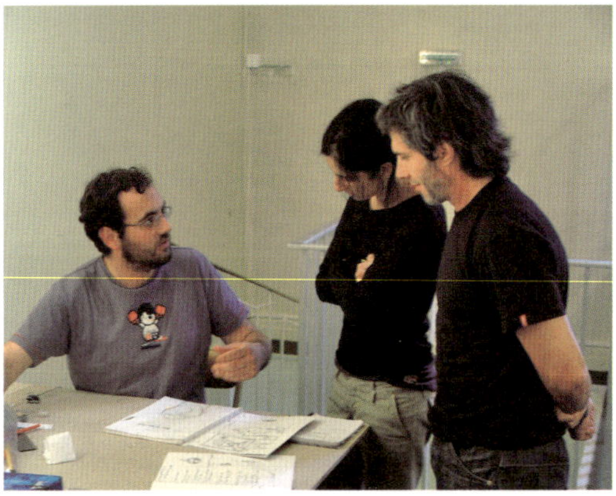

图2-22 师生自由探讨

图2-23 师生在探讨主题和构思

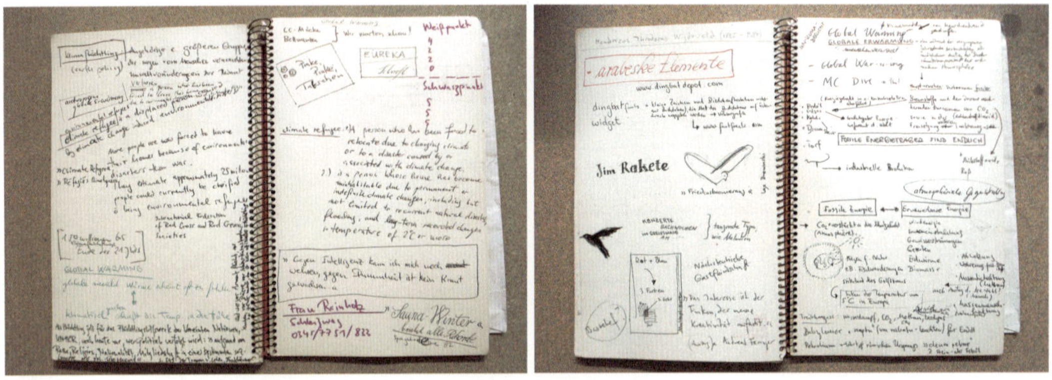

图2-24 一些学生在来肖蒙之前，就已经对竞赛主题做了详细的研究，并且做了细致的调研工作

图2-25 设计草图

图2-26 来自德国和伊朗的学生相互探讨

图2-27 形形色色的制作工具

图2-28 大赛组委会提供的彩色复印机

图2-29 采用拼贴手法

图2-30 手绘、复印、拼贴手法综合利用

图2-31　用彩色纸创作

图2-32　反复琢磨形象塑造的可能性

图2-33　先制作镂空纸板，然后用喷漆罐喷绘制作

图2-34　精细的手工雕刻字体

图2-35　笔者给参加Workshop的学生讲解自己的作品

图2-36 先手绘，后拼贴

图2-37 综合材料制作

图2-38 在课堂中这个学生一直采用手绘方式

图2-39 热火朝天的制作场面1

图2-40 热火朝天的制作场面2

图2-41　热火朝天的制作场面3

图2-42　在墙面上展看自己的几幅样稿

图2-43　手绘与剪贴

图2-44　将不同的稿子放在地面上反复推敲检视

图2-45　不同构思的手绘稿

图2-46　热火朝天的制作场面4

图2-47　热火朝天的制作场面5

图2-48　专注制作

图2-49　反复琢磨手中的形象

图2-50　用来拓印字母的字模

图2-51 一名韩国留学生采用比较自由艺术化的手法

图2-52 利用复印机制作素材，然后进行拼贴制作

图2-53 从大街上发现的各种素材，包括总统竞选海报

图2-54 手绘、喷绘、拼贴等综合手法的利用

图2-55 利用复印机制作素材，然后进行拼贴制作

图2-56　将各种变体稿挂起来，进行推敲，逐步推进

图2-57　将字库字体复印以后，再进行剪贴

图2-58　同学之间相互探讨1

图2-59　同学之间相互探讨2

图2-60　拼贴、喷绘、手绘等方法综合使用

图2-61　利用各种彩色玻璃纸

图2-62　师生探讨

图2-63　把鞋子脱下来，在复印机上制作形象

图2-64　样稿

图2-65　复印、拼贴等手法的综合利用

图2-66　把香蕉放在复印机上放大尺寸，然后根据这个形象进行绘制

图2-67　作品完成后，学生与自己的作品合影留念

图2-68　从大气污染的角度来表达的作品

图2-69　“温室效应导致南极变热，企鹅脱衣服了”

图2-70　“充满生机的地球变成满是十字架的墓地”

图2-71　“北冰洋融化，一片汪洋大海”

图2-72　“人口过多造成灾难”

图2-73　学生竞赛的颁奖仪式

图2-74　笔者与所指导的一名法国学生合影

作品主题：过多的商业物质消费造成了大量不必要的碳排放，人类应当节制欲望，爱护地球资源。

图2-75　笔者与所指导的一名德国学生合影

作品主题：美国作为一个能源消耗大国，只关注与自己短期利益相关的事务——比如反恐，科学家的声音显得非常渺小，大国应当重视自己的责任。

图2-76　课程结束后的作品展览

3. 知识点

(1) 平面广告的构成要素

平面广告一般包含文字和图形两大要素。二者相辅相成，文字具有准确表意的功能，图形具有渲染气氛，形成视觉冲击力的功能。图形与字体的结合要浑然一体。

在商业平面广告执行中，一般把要素分解为文案、美工两部分。文案创作是广告设计中重要的部分，文案往往是一则平面广告的主导，但美术专业院校的广告课程并不重视这一要素（当然这也是学科专业特点所致）。精彩的文案需要用恰当的编排形式加以突出。

图2-77　slavyansakaya 伏特加广告 / 俄罗斯 / 2010

图2-78　英剧injustice 宣传海报 / 英国 / 2011

图2-79　2015芝加哥马拉松宣传海报 / 美国 / 2015

图2-80 文学沙龙活动宣传海报 / 法国 / 2016

图2-81 水族馆宣传海报 / 日本 / 2017

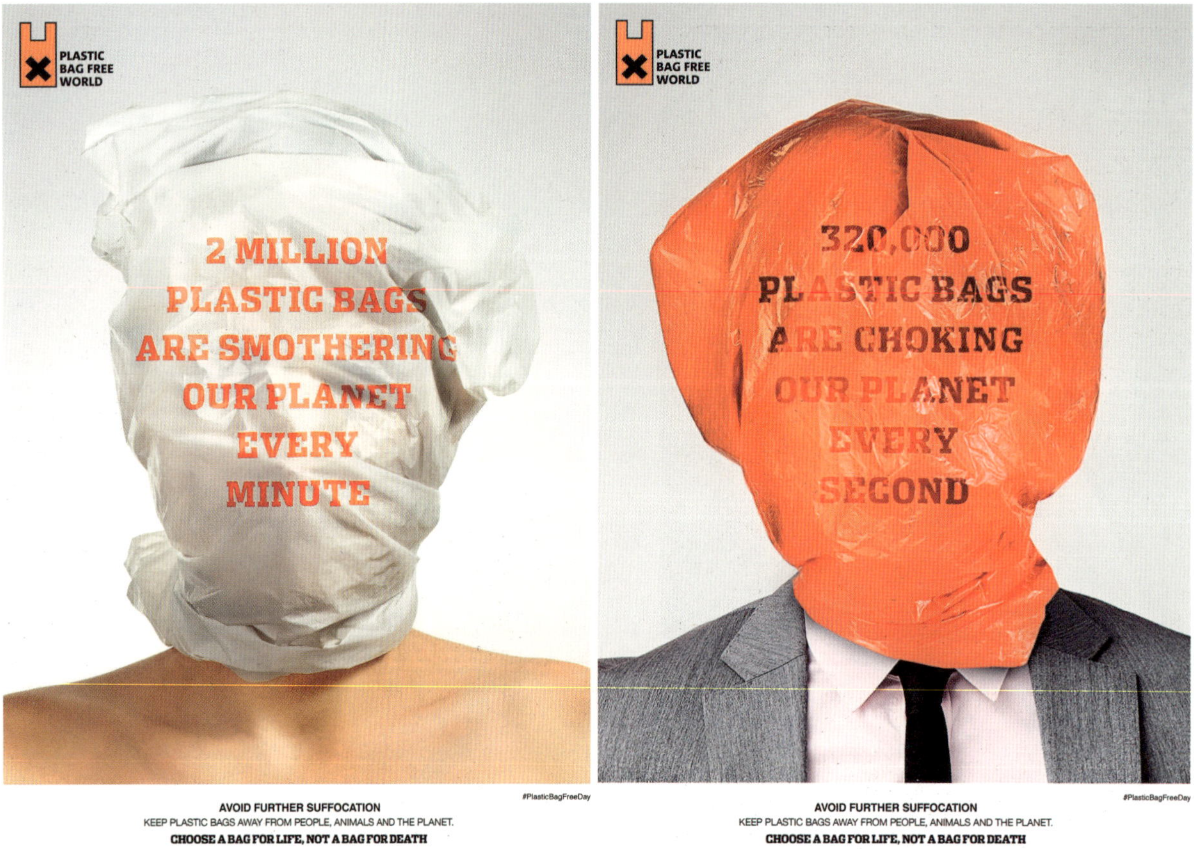

图2-82 禁用塑料袋公益海报 / one black bear / 英国 / 2016

图2-83　早餐店广告 / Saatchi & Saatchi / 英国 / 2008

这是一组利用蒙太奇拼贴的手法制作的广告，画面带有超现实主义的梦幻色彩，表现了每一个清晨醒来的奇妙景象，热闹而喧哗，充满了清晨的欲望和欢乐。比如第一幅作品，画面中女主人公手执网兜，飞翔在天空中，捕捉着自己希望实现的诸多愿望。

该系列作品的画面中心，均强调一个巨型的钟点数字，反复点明早上起床吃早点的时间。画面的右下角是一杯咖啡，清晰准确地点出了广告主题。整组广告的内容和肌理非常丰富，但所要强调的元素又很简明利落——这是广告永远的准则。

图2-84　时尚广告 / DDB / 英国 / 2010

大众传媒广告以平面化的图形图像为主要形式，可以是静止的，也可以是动态的，可以是户外的，但它们有一个共同特点——都是单向度的传播。通过向观众传递图像信息，使得他们接受信息。这就使得广告的创作者必须在内容创意上下功夫，用别具一格的形象吸引观众，用出人意料的故事情节娱乐观众，才能使自己的广告画面引起观众注意，并留下深刻印象。

图2-85　internet.org免费上网计划宣传广告 / Sid Lee / 美国 / 2017

该组海报用直观的编排方式传递出文案的信息，即“世界上超过一半的艺术家 / 电影制作者还没能连上网络”。

图2-86　反儿童虐待公益海报 / BBDO / 罗马尼亚 / 2017

利用文字的编排将视觉中心聚焦在整张海报的关键之处，在一个看似平常的场景中标记出一个儿童正在遭受暴力的镜头，提醒人们“这不应该成为日常生活的一部分”。

图2-87　绿色和平组织公益海报 / Lion Heart / 秘鲁 / 2019

将简明扼要的主要信息集中在画面中心，并且和动物的眼睛巧妙结合，呈现出鲜明的视觉冲击，让人快速地理解海报的意图。

（2）平面广告的创意生成

广告画面的创意有两种形式：一种是“图形表达”，一种是“讲故事”。

“讲故事”是广告最常见的技能，不仅在平面广告中运用，也在电视、广告等广告形式中运用。广告中的“故事情节”具有短小精悍却出人意料的特点，并且往往以幽默取胜。广告中的故事，有的时候与产品结合很紧密，这是一种重在推销具体商品的广告。有的时候与商品的结合并不紧密，似乎只是在讲一个故事，这类广告重在塑造、传递品牌形象，比较形而上。广告创作者应该根据不同的需要，有选择地采用恰当的表现手法。

“图形表达”则是平面广告特有的手法，有以下几种形式：① 比喻，把一种事物比作另外一种事物。② 同构，把两种或多种不同的事物或局部组合到一起，形成一个新的事物。③ 移植，把某一事物嫁接、搬挪到另一个事物上或情境之中。④ 变异，一种事物向另一种事物转化，性质发生变化。⑤ 夸张，夸大某一事物、事件的特征、特性。

图2-88　夏日交响音乐会 / BBDO / 哥斯达黎加 / 2017

以趣味的涂鸦手法将乐器移植到在海中游泳的人身上，巧妙地结合了“音乐会”与“夏日”两个要素，画中人物的表情动作生动夸张，给人留下轻松有趣的印象，同时也马上让人记住了“夏日交响音乐会”的主题。

图2-89 Hot & Spicy肯德基 / 奥美广告 / 中国香港 / 2018

以惊人的想象力和精湛的技术将肯德基热辣鸡块变幻为不同场景中熊熊的火焰和燃烧的岩浆，惟妙惟肖的画面效果在让人惊叹的同时，也将鸡块的热辣印象深深刻入了观众的脑海。

图2-90 汽车安全性能广告 / 丰田公司 / 日本 / 2010

就像在洪流中将你稳稳托起而保护住的安全皮筏艇一般，这则广告用生动形象的类比阐述了该品牌的汽车在险要环境中能为顾客提供的安全保障。

图2-91 猫粮广告 / Vincent Dixon / 澳大利亚 / 2010

广告虚拟了一个非常幽默有趣的故事——因为吃了某一品牌的猫粮，小猫变得非常聪明，以至于能够时不时捉弄一下身强力壮但笨拙的大狗。在西方文化中，聪明机灵的弱小者凭借自己的智慧，战胜貌似强大的对手，是一个非常受欢迎的主题，这组广告把握了这种深刻的文化心理，幽默诙谐而深入人心。

图2-92 “奇趣蛋”广告 / Kinder / 巴西 / 2008

这则广告是健达一款叫做“奇趣蛋”的产品宣传广告，该产品的最大特点就是在形似鸡蛋的包装中加入了各种不同的玩具，正如这则广告呈现的画面，这颗蛋里孵出的可能是让母鸡也意想不到的惊喜。“一鸡一蛋”的直观场景深化了观众对产品的印象。

图2-93　LOCTITE强力胶广告 / LapizdeBits / 哥伦比亚 / 2016

塑料模型玩具们正在进行一场战争，而该品牌的强力胶则在战争中充当了医疗单位，以奇思妙想完成了一次广告创意。

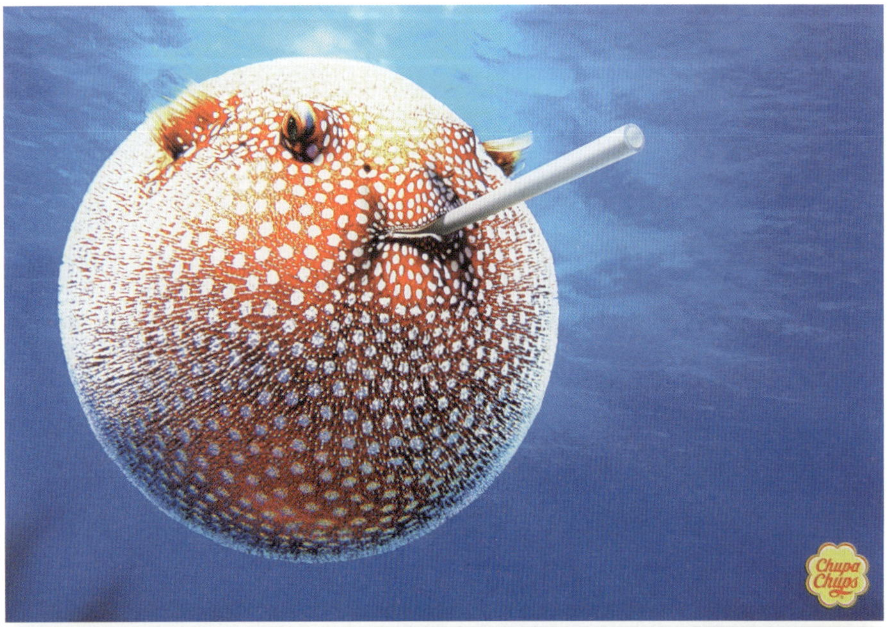

图2-94　Chupa Chups棒棒糖 / Nongshim Communications / 韩国 / 2008

尽管画面中并没有出现棒棒糖的主体，但只是单看那根标志性的糖棒以及动物圆滚滚的模样，也马上能让人发现，这就是棒棒糖的广告。这则广告充分抓住产品特征，结合动物容易吸引孩童好奇的特性，做了一次大胆而又可爱的创意。

图2-95 儿童网络安全公益广告 / David / 阿根廷 / 2017

采用比喻的手法，以童话为主题，将网络中的危险比喻为童话《糖果屋》中的女巫和《小红帽》中的大灰狼，生动地诠释了一些危险分子以网络为伪装欺骗、侵害儿童，呼吁人们关注儿童使用网络的安全管理。

图2-96 交通安全公益广告 / Saatchi & Saatchi / 保加利亚 / 2019

这则广告旨在警示人们，驾驶汽车时请放下手机！

（3）平面广告的图形制作

广告图形的制作，可以借鉴任何一种现有的艺术形式，形式本身是无所限制的。大的类型有手绘、摄影、综合材料等。但是有几个原则要注意：原则一，必须具有美感和美学价值。原则二，与所要表达的主题相一致、相符合。

图2-97 麦当劳 / DDB / 匈牙利 / 2018

这是麦当劳公司为庆祝进入匈牙利市场30周年而做的广告，采用了长时间曝光摄影法，使夜间活动的灯光描绘出了汉堡和薯条的形态。不仅画面绚丽漂亮，而且贴合了活动主题“记录时间的流逝”，同时强调了麦当劳24小时（夜间）服务的特点。

图2-98 Perfetti van Melle酸糖果广告 / 奥美 / 印度 / 2009

这则广告使用了漫画的夸张手法，一个吃了糖果的人因为太酸而把糖吐了出来，而吃了这个人的鲨鱼又因为这个人太酸而把人吐了出来，以此说明这种糖果“真的很酸”的特点。

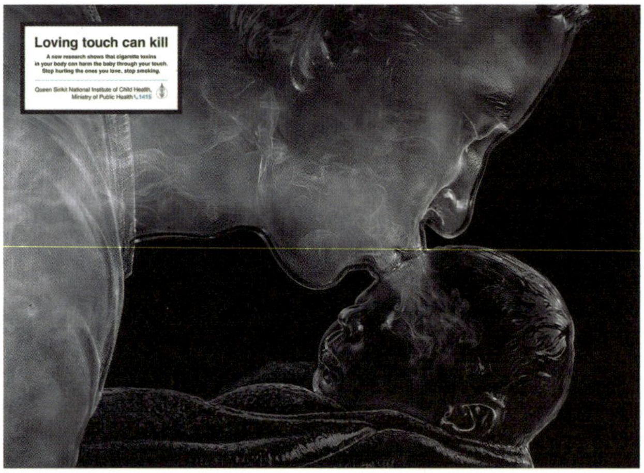

图2-99 反二手烟广告 / 智威汤逊 / 泰国 / 2017

利用图像处理技术将人的身体转化为透明的状态，就可以清晰而直观地表达出烟雾通过母亲的接触传递到儿童身体里的状态，彰显母亲吸烟对孩子造成的危害。

图2-100　jeep 汽车 / 2022

利用品牌自身的LOGO图形，以极致平面化的手法，通过不同的切入点，将LOGO图形中的竖线演变成树木、圆点演变成月亮，传达出JEEP汽车与自然的关系，呼应了他们的广告语：“自然是我们的天性”。

图2-101　麦当劳外送广告 / 2022

作为麦当劳外送服务的一组广告，利用房屋本身的窗户、车库等元素，通过特殊又合理的设计，使房屋的外观看起来就像一个张嘴待食的表情，用这样有趣的画面告诉人们，麦当劳可以将美食直接送到你的家中。

图2-102　社区工作培训安置创意广告 / Daniel Lobatón / 美国 / 2016

这组广告使用了微缩人物模型摄影手法。

图2-103　Farmacisti Preparatori美容保健产品 / JWT智威汤逊 / 意大利 / 2017

这则广告使用了剪纸拼贴手法。

图2-104　防艾主题墙绘广告 / TBWA / 法国 / 2009

在电子化影像泛滥的今天，这组广告反其道而行之，采用街头涂鸦这一非常“草根”的表现手法。这在艺术形式上有令人耳目一新的感觉，在实际广告效用上也很有针对性——针对那些游荡在破旧街区、贫民窟的青少年，通过他们熟悉和喜爱的艺术形式，告之有关知识。广告是一种传播的艺术，想要达到宣传效果，就要尽量走近受众，这组广告是一个优秀的范例。

图2-105 丰田汽车广告 / Leo Burnett / 哥伦比亚 / 2006

该广告制作利用当地出产的植物叶片，经过压片成型、丝网印刷等工艺环节，做成一份杂志夹页广告。

4. 实践程序

任务一 **社会调查与分析**

组织在学校所在的城市中漫步，同时可以接收当地媒体的信息，了解当地的社会情况，发现具体的问题，对其进行分析，作出一份书面报告。学生可以单独完成一个项目，也可以分组合作调查（但作品必须独立完成）。

任务二 **创意草图**

根据前期调查分析，勾画设计草图。教师组织评估草图。

任务三 **制作**

草图通过后，学生制作正稿。

任务四 **现场发布**

广告完成后，在问题现场进行发布展示。

5. 延伸阅读与参考资源

（1）图书

① 林家阳. 招贴设计[M]. 北京：高等教育出版社，2007
② 林家阳主编. 冈特・兰堡[M]. 石家庄：河北美术出版社，2003
③（日）福田繁雄. 设计创想图形意味[M]. 成都：四川美术出版社，2004
④ 潘耀昌. 波兰招贴艺术[M]. 上海：上海锦绣文章出版社，2011

（2）网站

① http://www.cnad.com 中国广告网
② https://www.adquan.com 广告门
③ https://www.doooor.com 设计欣赏网站

公益性平面广告
拓展资料

第二节　商业平面广告

1．课程要求

训练目的：1）懂得商业广告营销的基本原则和规律。

2）掌握商业平面广告的设计制作技能。

作业要求：1）在市场上选择一款知名饮料，对其性质内涵、市场定位、目标群体进行分析，作出一份书面报告。

2）根据前期调研分析，以市场细分理论为指导，为该产品确定一个个性化的诉求点，据此设计一幅（组）平面广告。

3）画面必须以人物形象为主体。人物形象必须自己组织实地拍摄，禁止使用现成的图片。

4）制定媒体计划，把平面广告拓展到各种媒体上。

项目时间：20课时

相关作业：1）浏览有关目标消费群体、市场细分理论的网页。

2）学习了解商业摄影知识，并进行实践。

3）阅读大卫·奥格威《一个广告人的自白》。

2．实训案例

该案例是为一款知名饮料设计平面广告。饮料是一种典型的低值易耗品，同时也是附加值极高的日用商品。所谓附加值，就是商品本身价值之外的额外价值。这些额外价值来自品牌知名度、消费者口碑等因素，成功的市场定位、营销策略、广告活动，能够有效地增加商品的附加值，这一点在饮料商品的广告竞争中显得尤为突出。

本段课程以市场上既有的某一饮料品牌为对象，为其设计本年度的平面广告，并且把这一广告应用到各类平面媒体上。

具体的饮料品牌由学生自主决定，选择依据有以下几点：① 可以是学生比较感兴趣的，平时喜欢喝或对其广告代言人、广告作品比较喜爱的。② 也可以从批判的角度入手，选择一款广告活动不尽如人意的产品，对其广告中存在的问题进行分析调研，然后加以改进。

在本段课程中，同学们要了解学习市场定位、市场细分等广告营销策划的基本知识，并且把它们运用到自己的广告创作当中。在后期制作中，要到摄影棚实地操作，然后完成后期平面制作。这样才能对平面广告的全案流程有完整的认识，懂得一则优秀平面广告产生的各个环节，为今后的职业生涯奠定坚实的基础。

图2-106　选题：麒麟直火烘焙奶香醇香型咖啡户外广告

作者：蔡思清、王洪敏　　指导教师：朱海辰

教师点评

在人们的传统观念里，咖啡是一种古典、优雅的饮品，但现代罐装咖啡则不同，它是为了适应快节奏的现代生活而产生的，面对的是年轻的消费者。他们不被陈旧、传统的观念所束缚，乐于尝试新鲜事物。同学们为“麒麟直火烘焙奶香醇香型咖啡”所做的广告，提炼了品牌中“直火烘焙”这一概念，利用火焰的形状、年轻人奔放的动作姿态，展示了这一品牌的独特魅力。

图2-107　围绕主打广告展开的多种媒体推广

图2-108　在摄影棚内的拍摄工作

图2-109　选题：康师傅茉莉清茶

作者：何欢　　指导：朱海辰

教师点评

康师傅茉莉清茶目前的广告代言人是一对男女青春偶像明星，走的是明星代言路线，推出的是爱情浪漫主题。该同学在进行前期调研和市场定位时，确认了该品牌的基本路线是准确的，但她对原有广告的男女明星路线提出了质疑，认为高成本的代言费用并没有带来应有的回报。相反，使用普通模特，采取恰当的设计风格，用低成本同样可以达到良好的广告效果。（图2-109至图2-111）

图2-110　为广告制作拍摄的模特照片

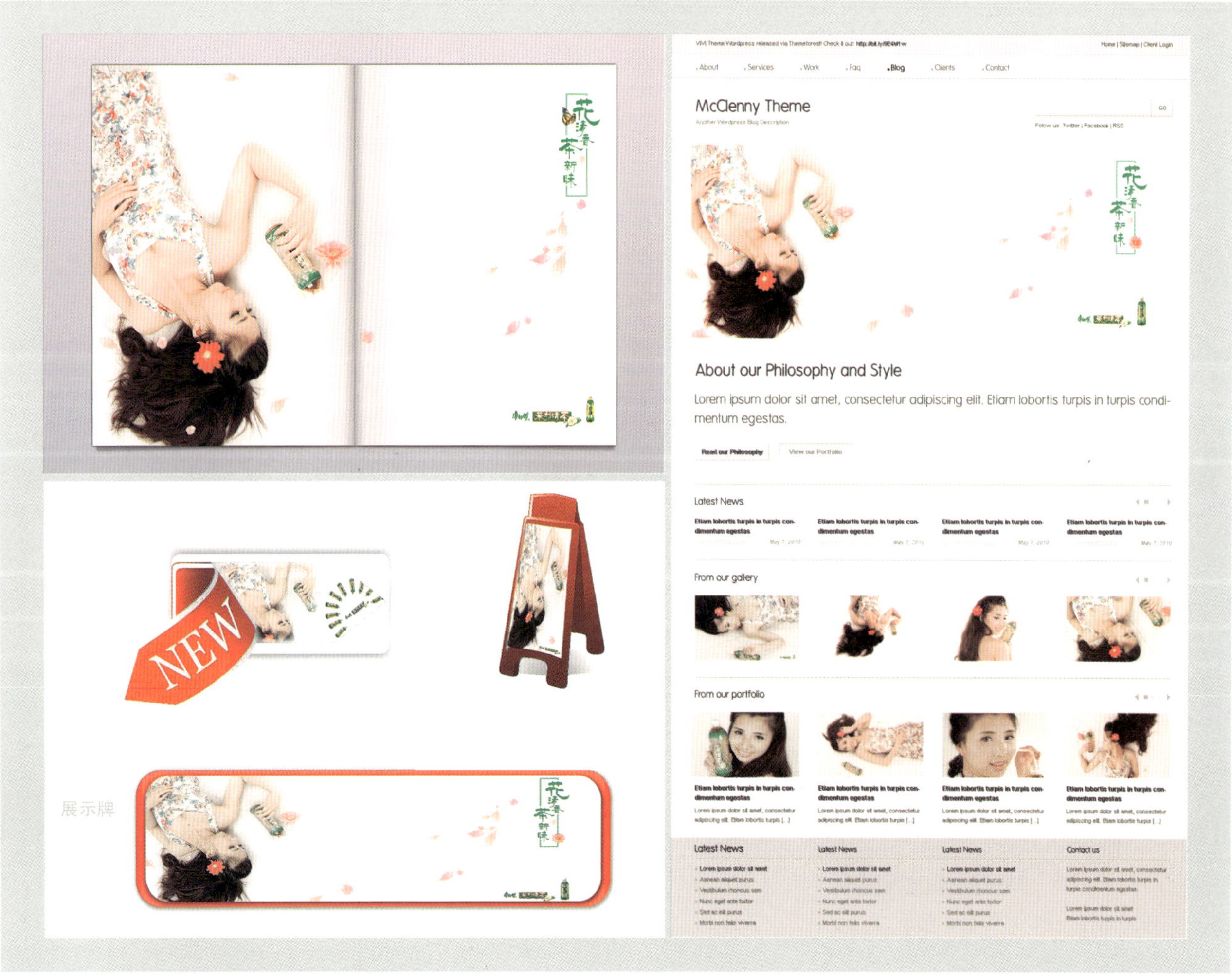

图2-111　围绕主打广告展开的多种媒体推广

图2-112　选题：水溶C100

作者：范琳子　　指导：朱海辰

图2-113　为广告制作拍摄的模特照片

图2-114
选题：ALKAQUA饮用矿物质水
作者：邢竣杰
指导：朱海辰

图2-115　为广告制作拍摄的模特照片

3. 知识点

(1)目标消费群体与市场细分

广告不是视觉艺术的自我表现，它的目的是推销——推销商品、推销服务、推销观念和主张。因此广告是一种高度理性的行为，它应当包括以下几个执行步骤：目标、计划、执行、效果评估。假设我们要为一种商品制定广告营销计划，那么最初要做的事情就是确定它的目标消费群体，明了“这一款商品卖给谁？”的问题。指导我们完成这一工作的指导思想是“市场细分理论”。

市场细分（Market Segmentation）这一概念是20世纪50年代中期提出的，指的是营销者通过市场调研，依据消费者的需要和欲望、购买行为和购买习惯等方面的差异，把某一产品的市场整体划分为若干消费者群的市场分类过程。每一个消费者群就是一个细分市场，每一个细分市场都是具有类似需求倾向的消费者构成的群体。

市场细分不是根据产品品种、产品系列来进行的，而是从消费者的角度进行划分的——消费者的需求、动机、购买行为的多元性和差异性。为什么要进行市场细分？因为现代销售市场“同质化”现象非常突出，很多生产商生产同样功能与形态的商品，这些同类产品在质量上几乎找不出差别（至少一般消费者仅凭外观是一时看不出来的）。这就需要广告设计者为它们寻找彼此之间的“差别”，并把这种“差别”形象化为一种优势，告诉消费者，促使他们做出选择。

市场细分可以帮助同类品牌树立独特的形象，吸引特定的顾客群。比如，可口可乐与百事可乐是当今著名的两大国际碳酸饮料品牌，但我们很少知道，在早期长达几十年的市场竞争中，百事可乐一直处于下风，即便把价格降到对手的一半，销售仍不见起色。百事可乐公司经营状况一度堪忧，甚至到了几次提出把公司卖给可口可乐而遭到拒绝的境地。直到20世纪80年代，百事可乐决定从品牌形象定位上进行突破，推出了以“百事可乐：新一代的选择”为主题的系列广告，针对青年一代独树一帜的消费方式、试图与老一代划清界限的叛逆心理来开展推广。这一广告战略帮助百事可乐改变了碳酸饮料帝国的版图，不到两年时间，就与可口可乐平分了秋色。

自20世纪80年代改革开放以来，西方跨国企业资本与商品进入中国，如采用了诸多成熟有效的市场营销手段，其中包括市场细分手法。宝洁公司在洗发水市场的细分广告与销售，堪称其中经典之作。宝洁公司在中国市场首先推放的是海飞丝品牌，它的诉求点是“去头屑”。其次推出的是飘柔品牌，诉求点是“丝滑柔顺”。再次推出的是潘婷品牌，诉求点是“营养发

图2-116　百事可乐广告 / 百事可乐公司 / 2019

自20世纪80年代以来，百事可乐一直秉承青年文化代言人的市场定位，紧密捕捉销售地区的青年流行文化动向。每隔几年就会更换其广告代言人，紧跟青年人的时尚潮流趣味。

宝洁公司旗下的洗发水产品线

图2-117 海飞丝洗发水

诉求点：去除头屑烦恼

图2-118 飘柔洗发水

诉求点：令秀发丝滑柔顺

图2-119 潘婷洗发水

诉求点：营养发根至发梢

图2-120 沙宣洗发水

诉求点：专业时尚美发

图2-121 宝洁公司旗下洗发水产品线

宝洁公司旗下部分洗发水品牌的平面广告，无论代言人怎么更改变化，其市场细分策略、产品诉求点是始终如一的。

质”。最后推出的是沙宣品牌，诉求点是“时尚美发”。这个过程长达十年，根据中国消费者心理状态、消费能力等因素的变化，诉求点从早期的“功能型”“务实型”，逐渐过渡到后期的“务虚型”。成熟的细分营销策略，帮助宝洁公司牢固地把握了中国的洗发水市场。

中国的日用化工用品商、广告代理商也逐渐学会了这一广告营销手法，开始研究中国消费者的特殊需求与心理，开拓细分出新的市场领域。比如100年润发品牌，立足于中国民族文化与爱情主题。再如霸王洗发水，诉求点在于满足中国人对乌密发质的传统追求。二者采用人气度较高的本土香港电影明星周润发、成龙作为代言人，把抽象的市场定位与理念，成功地人格化了。

（2）广告图文的编排定律

在真正的广告实战中，文字编排工作所考虑的不是好不好看的问题，而是信息传达的效果。大卫·奥格威曾经嘲笑学院派的广告教学"抱残守缺"——以为一幅广告依靠所谓"平衡""节奏"之类就能大获成功。他的这一批评是有道理的。

那么，图文信息的传达效果指的是什么呢？一是能否帮助观众注意到广告，二是能否帮助观众顺畅、迅捷地读完广告，三是能否帮助观众准确地理解广告想要传达的内容？

广告版面设计要遵循正确的"视觉流程"，对观众进行视觉引导——第一眼看哪，第二眼看哪，哪里多看一会，哪里少看一会，必须通过我们的版面设计来进行规划。

"视觉流程"是怎样形成的呢？人的视觉流动一般遵循"从上到下""从左至右"的先后次序，版面的上方和左方易被重视。当我们欣赏一个画面时，通常会通观全部，最后将视线停留在某一个感兴趣的点上。一般而言版面中部容易成为视觉中心，版面中大的图形容易成为视觉中心，版面中对比较强的地方也容易成为视觉中心。版面设计时首先要选取最佳视域，借以捕捉观众的注意力，然后进行视觉流向的引导，并达到印象留存的目的。

在具体操作中，还要记住以下原则：

① 中文广告应该以中文为主。用字要规范，不用繁体字、异体字。

② 可以利用字体、字号之间的差别来增加版面的生

图2-122 沃尔沃汽车广告 / Howard Beauchamp / 瑞典 / 2009

将车灯类比为灯塔，灯光从画面左侧射出，一直将观众视线引导至开阔的天空以及广告的重点——品牌标志。这是一则非常经典的有效应用了视觉引导的广告。

图2-123 VAT 69威士忌广告 / Digitas / 秘鲁 / 2019

这则广告借用了"伊甸园偷食禁果"的故事，画面主体非常集中，让观众的注意一下子就被蛇、酒瓶和被蛇缠绕的手吸引了过去，接着用紧跟主体的广告语阐述了这则广告的主旨：这瓶威士忌值得你再一次被惩罚。

动性，但一幅广告内的字体种类不宜过多，一般控制在三四种以内。

③ 宋体字、楷体字比黑体字、等线体字更容易阅读。（这一点很多平面设计师都不知道，他们偏爱用等线体排文章，甚至排厚厚一整本的书，貌似时尚，其实不便于阅读。）

④ 段落不宜太长，长段令人生厌。横排文字不要超过25个字。

⑤ 横排比竖排容易阅读。

⑥ 重要的信息一般居中放置。

⑦ 汉字小于8磅就会引起明显的阅读困难。（现在设计界流行用很小的字，对于广告客户来讲这很难接受。）

⑧ 不要把大段文字放置在黑色（或深色）底上，会引起阅读困难，观众会自动回避此类文字。

商业平面广告图文编排拓展资料

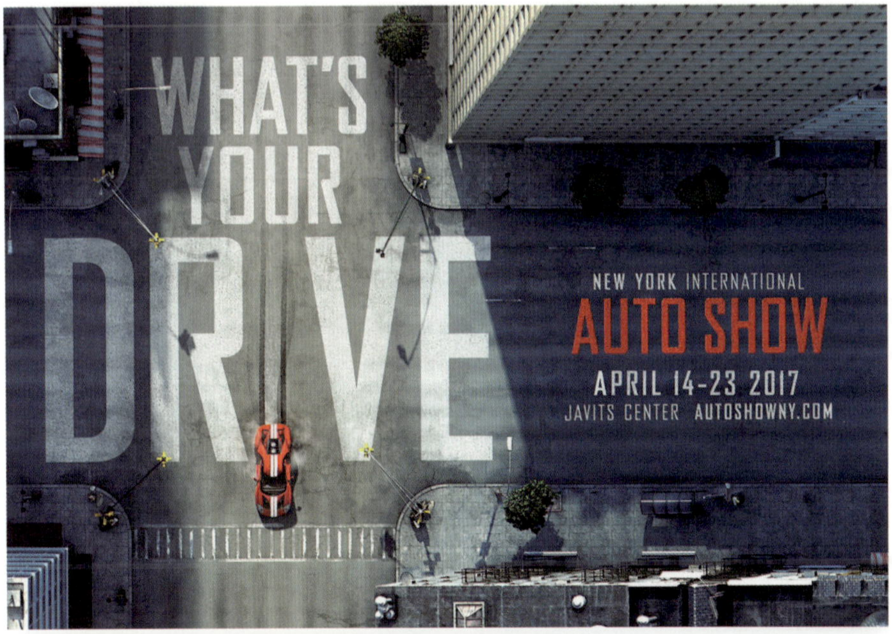

图2-124 2017纽约国际车展宣传广告 / 美国 / 2017

作为车展主题的海报，文字被排在了道路上，道路的横纵天然地为文字安排了阅读顺序，观众的视线能够像图中的赛车一样，沿着道路自上而下，从左到右，轻松读取到最重要的信息。

图2-125 动物保护协会广告 / Mad Dogs and Englishmen Creative / 美国 / 2008

这两页所举的四则广告，都是利用画面中主题的视线、动势来引导文字编排的作品。观众的视线会随着主体物的运动态势而流动，这是版面编排，尤其是广告版面的重要原则和方法。广告版面与一般平面设计的版面相比，更加注重视觉流程的安排，因为广告需要非常快捷、迅速地传递信息，必须在功能上突出考虑编排。

（3）广告形象的拍摄制作

自20世纪60年代以来，摄影成为商业广告图形的主要制作手段。一个广告设计师必须对摄影艺术有所了解，包括广义的摄影艺术，也包括我们工作中经常接触的商业广告摄影。当然，在真正的、高品质的商业广告实践中，摄影是一门专业性质较高的工作，一般委托专业摄影师完成，但广告创意总监必须对其流程和品质进行监督，保证广告的最终艺术质量和效果。在本课程的实训中，对摄影品质的专业性要求可以放低，但同学们必须了解以下基本知识，才能顺利完成实训。

① 设备

商业摄影一般在室内完成。室内影棚光源稳定可靠，不易受到风等自然界因素的干扰。最基本的室内摄影设备包括相机、闪光灯、同步引闪、反射箱或反光板、背景幕布等。同学们应当了解并掌握摄影器械的基本操作。

② 布光

在多数情况下，广告的主题形象上不应该出现阴影和暗部，这就需要拍摄时合理正确地运用光线。一般需要设置两组光源：主光源起主要照明与塑型作用，辅助光源起补光作用。如果是在日光（自然光）下拍摄，就需要灵活地应用反光板。反光板能够帮助我们充分利用现有光线，补足对象暗部的曝光量，塑造完满的对象轮廓。

③ 模特

不同类型的产品，需要寻找不同特点的模特。不同的性别，不同的年龄，不同的气质，这些都是前期广告策划中已经确定的。在我们的课程实训中，找来的模特一般都是同学或亲戚朋友，也就是业余的。虽然不能达到专业的水准，但拍摄执行的流程是相同的。首先要进行面部化妆以及挑选合适的服装。其次是引导模特摆出恰当的姿态，姿态的内涵应当与前期策划案规定的一致。可以多拍摄一些样片，供后期挑选。

④ 后期处理

数码摄影可以直接在电脑上做后期处理。假如使用单反相机拍摄，建议采用RAW格式储存文件，并在相机制造商提供的色彩管理软件中进行初步的色彩调整，这样可以避免色彩层次的损失。诸如修涂等工作，可以在Photoshop软件中完成。

图2-126　专业摄影棚及摄影设备

4．实践程序

任务一 市场调研与分析

在市场上选择一款知名饮料，对其性质内涵、市场定位、目标群体进行分析，作出一份书面报告。学生以3到4人为一组。

任务二 创意草图

根据前期调研分析，以市场细分理论为指导，为该产品确定一个个性化的诉求点，据此勾画设计平面广告的草图。

任务三 摄影

以小组为单位，进入摄影棚进行实地拍摄。

任务四 后期制作

用电脑软件完成平面制作，并拓展到各类媒体。

5．延伸阅读与参考资源

（1）图书

①（美）劳拉·里斯．定位经典丛书：视觉锤[M]．北京：机械工业出版社，2012．

②（美）罗伯特·西奥迪尼．影响力[M]．沈阳：万卷出版公司，2010．

③（美）阿尔·里斯．定位：有史以来对美国营销影响最大的观念[M]．北京：机械工业出版社，2011．

④ 刘松涛．定位：攻心之战[M]．北京：中国财政经济出版社，2011．

（2）网站

① https://www.adsoftheworld.com 广告素材网

② https://madbrief.com 疯狂简报网

③ https://www.digitaling.com 数英网

摄影类商业平面广告拓展资料

55
Red
Bull

图2-127　红牛饮料的飞行活动广告

品牌形象不仅仅是一个卡通人物就能解决的问题，它需要由常年不断的、各种形式的广告活动来充实和阐释。比如这里列举的红牛饮料的飞行活动广告，由世界各地多家广告机构联合创意执行，2003年以后在世界各地连续开展。这个系列活动塑造了红牛饮料充满活力与冒险精神的品牌形象。

第三节 空间与行为广告

1. 课程要求

训练目的： 1）学习使用空间、表演等综合手段来制作广告。

2）了解模型制作、化妆、脚本撰写、拍摄等技术手段。

作业要求： 1）空间广告作业：先进行场地勘查。如果没有合适的现实空间，也可以使用素材合成手段。

2）根据场地特殊情境，植入相应的广告题材，公益或商业任选。

3）行为广告作业：先确定广告选题，再思考相对应的情境表演方式。

4）两组作业均进行摄影，以照片形式提交作业。

5）空间广告单独完成作业，行为广告分组合作开展工作。

项目时间： 20课时

相关作业： 1）学习了解材料、装置设计制作等相关知识。

2）学习了解化妆、表演等相关知识。

2. 实训案例

（1）业界案例

本单元共有两组案例。第一组是空间广告案例，一个是为伦敦一起枪杀案做的纪念广告，还

图2-128 反恐公益广告 / 美国 / 2019

这是美国芝加哥针对当地一起枪杀案而做的广告宣传活动，该项目由当地反枪支暴力组织赞助。创意者用激光装置制作了一条“危险的街道”，使用了38道激光来代表上次枪杀案中的38名受害者。当人们穿过这条街道、身陷“枪林弹雨”中时，音频会讲述受害者的故事。现场用红色的强光模拟了枪弹扫射的现场效果，让参与者感同身受被枪击的无助和震撼感。与此同时，受害者的个人信息包括年龄、性别、遇难时间等被投射到墙上。

有一个是可口可乐公司做的公益环保广告。两个案例都充分利用了特殊的空间格局、空间氛围，采用了恰如其分的实现手段。

第二组是行为广告案例。一个是为纪念登月所做的公众秀。二是荷兰阿姆斯特丹博物馆为伦勃朗的著名作品《夜巡》所做的一次公众秀。两次活动都采用了历史情境的还原扮演，使观众身临其境，点燃了观众的好奇心。

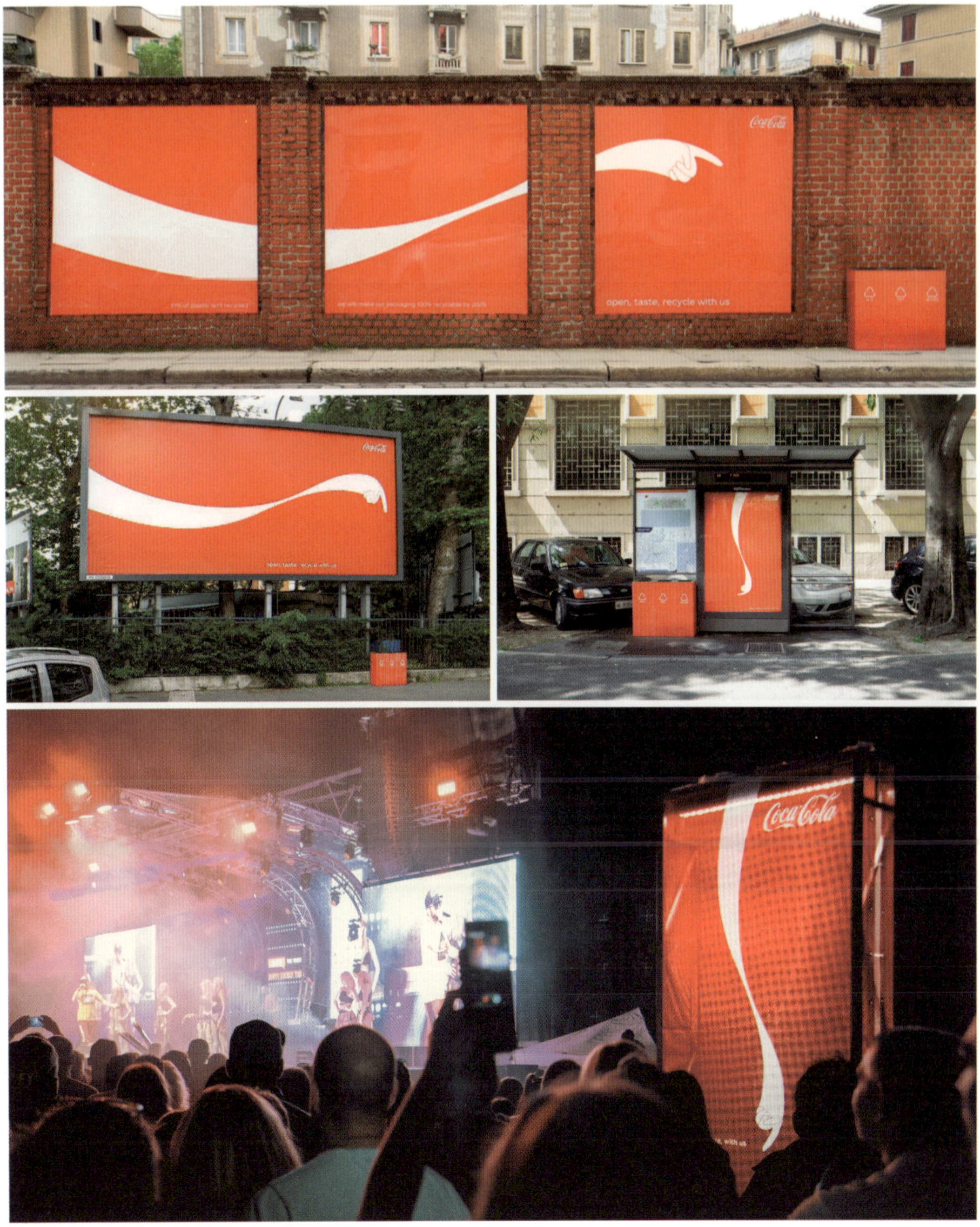

图2-129　可口可乐 / Publicis / 意大利 / 2019

这是可口可乐公司组织的一次公益广告活动。主题图形是脍炙人口的可口可乐波浪形，波浪形的一端伸出一只手，指着可回收物垃圾桶，号召大家重视垃圾分类，注重可回收垃圾的收集。除了静态的环境空间装置以外，可口可乐公司还举办了相应的派对活动，吸引年轻人参加。

图2-130 欧米茄超霸60年纪念活动 / 英国 / 2017

欧米茄公司为庆祝其经典产品——超霸手表诞生60周年举办了一次名为“宇航员在伦敦”的推广活动。表演者穿着宇航服在伦敦街头漫步，以此彰显1969年宇航员登月时佩戴的手表——欧米茄超霸表。

图2-131 “阿姆斯特丹国家博物馆”重新开放推广活动 / 荷兰 / 2013

阿姆斯特丹国家博物馆组织了一次现场情境表演形式的广告活动。地点选择在荷兰阿姆斯特丹的一间购物商场，市民们正在逛街，中世纪的铃声警报器突然响起，身穿中世纪服装的演员们表演了一出捉拿嫌犯的活剧。剧情演完后，参演者在购物商场的中庭站好，落下一个巨大的画框，正是伦勃朗的著名画作《夜巡》。画框两边打出标语，欢迎人们前往参观重新开放的国家博物馆。

（2）教学案例：空间广告的设计制作

该教学案例原则上要求学生在自己的生活空间里寻找恰当的空间环境，因地制宜，创意植入合适的广告内容，公益或商业都可以。从最后作业完成的情况看，这一要求完成有一定的难度。原因在于学生自身活动范围有限，空间环境要素比较简单，不容易催生有趣的创意。

大多数学生的作业是利用空间环境照片素材完成的。多样性、全球化的空间素材给了学生较多的灵感，帮助他们完成了作业。从作业情况来看，广告主题的多样性得到了保证，涉及社会生活、经济活动的方方面面。从设计角度来看，学生们能够较好地把空间环境的特殊性与其广告主题做相当紧密的结合，表达比较成功。

在完成这个练习的时候，要提醒学生注意几点：

① 所选择的环境空间的特点要与广告主题相匹配。比如后面将要举例的几个学生作品：在辽阔无边的大海边呈现苹果电脑的广告，这种情境与苹果公司高蹈的价值观是一致的，很好地表达了商家的格调。可口可乐作为一种快销品，广告呈现在热闹的市民广场，还有车来车往的加油站，也是比较恰当的，体现了产品的亲民与接地气。女士化妆品广告放置在高端写字楼的电梯口，较好地匹配它的目标销售群体。

② 自己拍摄的照片，要进行后期处理，强化一些形象与色彩，删除不必要的其他因素，强化主题要素。广告是强调夸张的艺术，画面宁过勿不及。

户外广告拓展资料

图2-132 选题：苹果电脑一体机广告

作者：林益安　　指导：朱海辰

图2-133　选题：可口可乐广告

作者：石祺云　　指导：朱海辰

教师点评

在熙熙攘攘的商圈里血拼，有没有疲乏口渴的感觉？来一瓶可口可乐吧！顺便看一看下面逛哪里。

这是一个可口可乐瓶子造型的指向牌。

图2-134　选题：可口可乐广告

作者：石祺云　　指导：朱海辰

教师点评

可口可乐的早期广告诉求是提神醒脑，个人以畅快的饮用体验。这种感觉就像补充能量一样，犹如给车加油。加下油，喝瓶可乐，充满能量地开始下一段旅程，就是这个广告想要传递给大家的。

图2-135　选题：化妆品广告

作者：吕肖霄　　指导：朱海辰

教师点评

电梯门开合之间，容颜倏忽改变，令加班疲倦的写字楼白领心动。

图2-136　选题：健身房广告
作者：罗鑫　　指导：朱海辰

教师点评

这是此次课堂练习中为数不多的真实场景。作者看到学校墙壁质感有了灵感，联想到腹部赘肉。画面编排内容简洁，重点在于张贴时把纸与墙面肌理深度地融合在一起。

图2-137　选题：欧洲某职业联赛球队主场赛事广告
作者：李鹏香　　指导：朱海辰

教师点评

将球队队服的花纹与城市路面的斑马线融为一体，起到很好的即时广告作用。

图2-138　选题：薯片广告
作者：王琦　　指导：朱海辰

教师点评

薯片包装袋上的锯齿，与楼梯侧面形象吻合。

图2-139
选题：公益广告
作者 陈卓煜
指导 朱海辰

教师点评

这是一组呼吁重视地沟油问题的公益广告。作者受阴沟造型的启发，将“地沟”的概念与真实的阴沟真正结合起来。

方形的窨井盖与烧烤的架子相仿，圆形的窨井盖与火锅相仿，都恰如其分地做了结合。这两种市井餐饮也是地沟油问题最严重的地方。

烧烤食物是网店购买的模型，真实感强，而且不易损坏、色彩造型更加理想，效果比真实的蔬菜肉类更好。

图2-140 选题：番茄酱广告

作者：王琦　　指导：朱海辰

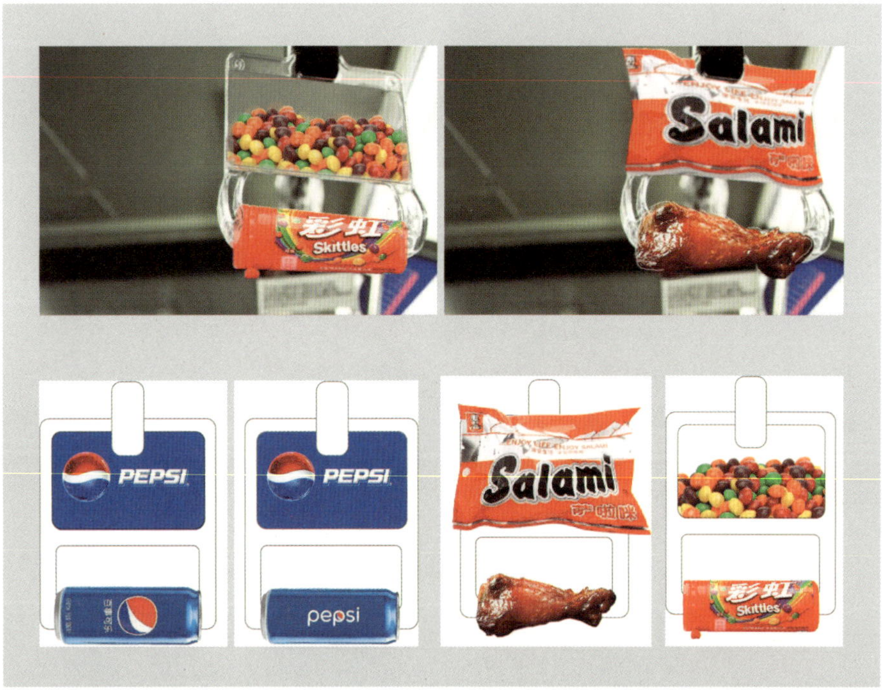

图2-141 选题：小食品广告

作者：庄晓玥　　指导：朱海辰

教师点评

利用了公共交通车上的扶手把，与食品包装本身的造型做了紧密结合。乘客在坐车时是比较无聊的注意力空窗期，容易被广告吸引，尤其是这个广告还“抓”在自己手里。

图2-142 选题：厨刀广告

作者：罗鑫　　指导：朱海辰

教师点评

锋利的厨房刀具，犀利地分割着瓜果蔬菜。这个广告巧妙地利用了城市里面斑马线，无论是低头而过的路人，还是远眺的人们，都会被它引人注目的广告效果所吸引。

（3）教学案例：行为广告的策划与表演

当代艺术的一个重要观念：艺术作品的目标不再是物质化的绘画、雕塑或建筑，而可以由主体人构成。人的行为本身就是一种艺术。行为艺术突出“人”作为艺术活动的终极目标，而不是手段。这种艺术理念给20世纪以来的社会造成了极大冲击，改观了社会文化的方方面面，包括广告艺术。

行为广告的要点是表演性、情节性，而且要求学生亲身参与，负责把控过程中的每一个环节。在这个练习项目中，“人”是内容的主体，要突出人物角色的核心地位，角色是推动构成整个广告活动的核心要素，要围绕角色的行为与活动来设计整个广告。

学生在这个过程中表现出了很大的积极主动性。因为在过去的学习活动中，学生（或者说作者）只是作为工具而存在（完成作品的工具与中介），他们第一次作为作品本身来呈现，极大地激发了他们的创作欲和参与感。事实证明这一教学课程本身就是一次具有开拓性的行为艺术。

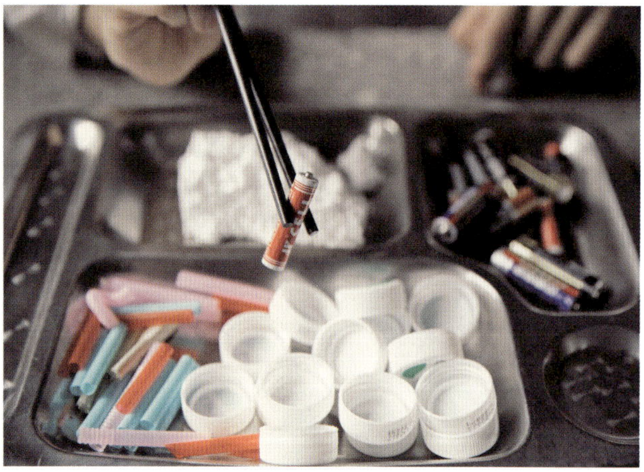

图2-143　选题：公益广告：塑料污染海洋

作者：罗鑫、庄晓玥　　指导：朱海辰

教师点评

人类塑料制品污染海洋，严重威胁海洋动物的生存，已经是一个众所周知的常识。海洋的末日其实就是人类的末日。这组作品营造的是“最后的晚餐”的感觉。我要求学生去看一些相关的欧洲宗教画，还有寇德卡的部分摄影作品，希望他们在作业中营造出深层的、具有超越感的画面，希望他们在画面光线氛围上有所表现。

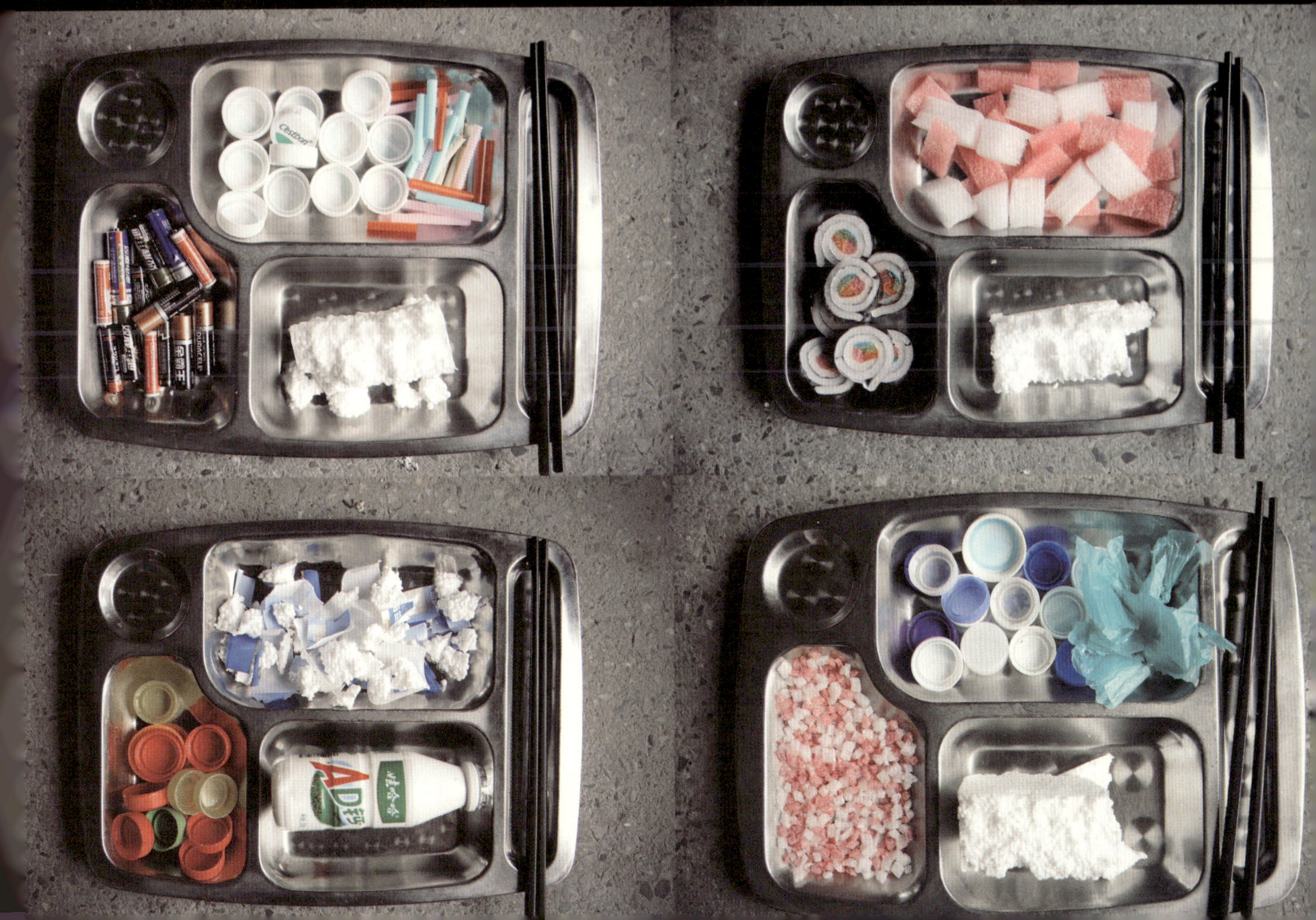

图2-144

选题：万圣节化装舞会广告

作者：闫炳杰　　指导：朱海辰

教师点评

年轻人喜欢新鲜刺激的事物，万圣节的鬼怪背景给了他们很多灵感。这个广告利用了学校晚间的黑暗场景来发布，可谓得天时地利。广告的文字信息打印在一张透明膜片上，通过射光投影在地面，营造了万圣节特有的鬼魅气氛。

图2-145　选题：公益广告：小学生减负

作者：李鹏香　　指导：朱海辰

教师点评

中小学生学习负担重是多年来的老话题。这个广告的作者打印制作了一个巨大的“书包”，邀请小学生参与拍摄。

图2-146　选题：公益广告：反对“996”

作者：石祺云　　指导：朱海辰

教师点评

职场人员工作强度和压力多年以来有增无减，现今还冒出“996”一说。作者有感于此，创作了这组广告，呼吁全社会重视职场人员的健康与幸福。

图2-147　选题：公益广告：反对网络暴力

作者：林益安　　指导：朱海辰

教师点评

网络语言暴力是一个越发严重的社会问题。该广告设计了一个隐蔽的网络暴力分子形象，专门躲在暗处、夜里行使攻击行为。

图2-148　选题：公益广告：反对沉迷于手机

作者：唐雨田、吴哈妮　　指导：朱海辰

教师点评

随着智能手机的普及，越来越多的人沉迷其中，不仅浪费了大量时间精力，也损耗了我们与家人朋友交流的时间。这个广告以一种笨拙而不失可爱的表演，呼吁我们从手机屏幕中抬出头来，面对阳光灿烂的生活本身。

图2-149　选题：公益广告：反对吸烟

作者：陈卓煜　　指导：朱海辰

教师点评

广告作者们精心制作了相关道具，形象逼真地讲述着人类与香烟一起被燃尽的场景。

图2-150
选题：全球变暖
作者：吕肖霄　　指导：朱海辰

教师点评

全球变暖，企鹅与北极熊争夺地球上最后一块冰。角色形象一黑一白，设计相当成功。表演节奏与动作也比较到位，较好地演绎了主题。

3. 知识点

（1）品牌形象

商品是没有生命的，在当下供过于求的买方市场，尤其是民用商品领域中，仅仅依靠产品本身的质量和性能，是很难给消费者留下印象并赢得商战的。这就需要树立品牌形象。

品牌形象由多种因素构成，除了前面提到的VIS系统外，“人格化”的广告形象也是一个重要内容。所谓人格化，简单来讲，就是为商品寻找一个“代言人”。这个代言者可以是人——比如最流行的明星；也可以是动物和植物——比如腾讯公司的企鹅；还可以是没有生命的事物，甚至可以是一个虚拟的、世界上本不存在的事物——比如代言橡胶轮胎的“米其林先生”（图2-151至图2-155）。个性鲜明、人格化的代言者，可以为商品赋予一种明确的、与众不同的个性形象，帮助消费者认知、熟记该品牌商品。在商品质量日趋同质化的当下，独具一格的品牌形象尤其重要。

消费者选择一样商品，除了出于功能方面的考虑，还有一种文化心理因素在起作用。在质量功能相近，价格相仿的情况下，消费者选择某一种商品，往往是出于对该商品品牌文化的认同。最典型的例子就是可口可乐与百事可乐这两种饮料，二者在口味上的差异很难说孰高孰低，很难依靠产品本身来说服消费者做出决定。但二者都拥有各自坚定的忠诚消费者，因为两种可乐的广告诉求在文化上是有差异的：可口可乐代表了一种经典的美国文化，而百事可乐则是“年轻一代的选择”。二者一直在广告活动中不断强化自己的文化特征。

成功的品牌都有自己的“故事”。所谓故事，指的是形象代言者所代表的文化背景，以及由此引起的情节

图2-151 20世纪20年代广告中的米其林先生形象

米其林品牌形象的由来：19世纪末期，米其林公司一直致力于推广充气轮胎。在1894年的一次博览会上，公司负责人被夕阳下高高堆积起来的充气轮胎的倒影所吸引，他想：“如果它有胳膊，会多像一个人啊！”后来这位负责人找到一位画家，把这个创意变为现实，这就是我们现在看到的米其林轮胎人——浑身充气、体形富态的可爱形象。一个多世纪以来，这一富有亲和力的代言人成了米其林公司个性鲜明的象征。

图2-152 20世纪30年代米其林广告活动中的真人扮演

图2-153 20世纪80年代的米其林先生标准形象

图2-154 数字时代的米其林形象

原来的二维矢量风格已经转化成三维立体风格。品牌形象要不断进化，追随每一代消费者的美学趣味，才能持久常新。

性、文化性、历史性的联想。比如烟草行业——香烟口味本身是一种难以名状、见仁见智的感受，但烟草生产商通过人格化的品牌故事，鲜明树立了各自的形象。如万宝路香烟，原本是一种女士烟，后经广告营销策划转而成为一种象征硬汉形象的香烟，以美国西部牛仔为品牌代言，传递了一种粗犷豪迈的美国文化。再如骆驼牌香烟，秉承其创始以来的土耳其文化特质，讲述冒险、军事等男性文化故事。再如健牌香烟，广告中传递的是城市白领的时尚生活。烟草商就是用这样不同的故事，吸引了不同爱好、价值观的消费人群。

为什么消费者在选择商品的时候，会受到“故事”的影响呢？——每一个人生活在这个世界上，都有着自己的价值取向，会认同某一种生存方式，有自己内心欣赏崇拜的人物。我们会有一种去实现它的欲望和冲动，但现实中往往没有机会。而商品广告中讲述的“故事”，为消费者提供了一个幻想的平台。广告告诉我们，通过购买使用某一种商品，就能获得一种虚拟的自我实现感。可以这么说，当我们刻意地选择了一个品牌的时候，其实是选择了一种特定的生活，一种令我们感到满足的生活。

图2-155 米其林轮胎广告 / 米其林公司 / 法国 / 2010

图2-156 以美国西部牛仔为代言形象的万宝路牌香烟广告，讲述一个关于狂野、冒险的动人故事

图2-157 以探险、勇敢为主题精神的骆驼牌香烟广告和以雅皮士为代言形象的健牌香烟广告，传递优雅和休闲的气质

注：吸烟有害健康，如今已是众所周知的常识。最近一些年各国政府纷纷立法，对烟草广告做出种种限制。不过，多年以来欧美各大烟草商的形象广告，确实堪称品牌形象策划的经典案例。此处根据教学需要，列举了几幅烟草广告，目的在于引导认识专业技能知识，请勿模仿、宣传上述广告中的行为与理念。

可口可乐（Coca-Cola）出现于1886年，当时是美国佐治亚州亚特兰大城一家药品店推出的一款“药品”，宣称具有提神镇静、减轻头痛的作用。（图2-158）1892年这款饮料获得投资，为此专门成立了可口可乐有限公司。在其后的百年发展中，可口可乐成长为全球最畅销的软饮料。

可口可乐发明伊始，就很重视产品形象与广告宣传，它那流畅律动的标准字体，一直沿用百年——可见在一个品牌创立之初，品牌形象的构建是多么重要（图2-159至图2-161）。可口可乐公司成立第一年，就列有专门的广告计划和预算。1909年，美国广告协会将可口可乐选为最佳广告商品。1926年，可口可乐公司率先采用新兴的广播广告。1928年开始与奥运会合作，借用大型公共项目作为自己的广告宣传平台。

和很多商品一样，可口可乐广告的早期诉求点着力于功能性和实用性，比如：“一扫疲惫和饥渴”“最易解你渴”“口渴同样追求品质”等。后来逐渐向务虚、感性方向发展，比如：“一杯可乐，一个微笑”“挡不住的感觉！”“心在跳！我们努力活出真精彩！”等。

可口可乐最大的竞争对手是百事可乐。百事公司原本不是可口可乐公司的对手，但在20世纪80年代，百事可乐重新进行市场定位，塑造了“年轻人饮料”的品牌形象，一举攻下了可乐市场的半壁江山。在百事可乐主动发起的广告宣传战中，可口可乐被描述成保守的、陈旧

图2-158　可口可乐最初作为一种具有药物作用的饮品在药店里销售

图2-159　早期的户外广告，放置在零售店的上方

图2-160　20世纪50年代的广告牌标准字体历经百年不变，至今深具魅力

的产品，是“年长者的选择”。这一形象曾经让可口可乐处在被动、尴尬的境地。但是，可口可乐品牌形象与生俱来的美国文化内涵，帮助它渡过了难关。今天，可口可乐继续维护其经典的品牌形象，比如始终保持经典的弧形瓶造型，并且经常恢复其传统的玻璃瓶装销售，以此满足很多消费者对其经典文化的牵挂。（图2-162至图2-164）另一方面，也不断跟上时代潮流，争取年轻一代的市场。从目前来看，只要美国文化的魅力不褪色，可口可乐的品牌形象就会一直充满诱人的魔力。（图2-165至图2-166）

图2-161　可口可乐不同时期的广告图标，是百年以来著名跨国品牌中变迁最小的，可见其品牌形象的稳定性很高

图2-162　不同时期的具有代表性的可口可乐瓶型

图2-163　可口可乐早期黑白报纸广告 / 1915

图2-164　早期的可口可乐广告以功能为诉求点，强调解渴健体、提神醒脑的作用

图2-165　可口可乐平面广告 / 2018

图2-166　本土化的可口可乐广告设计

可口可乐进入中国市场，最初打造美国文化的形象。随着市场竞争、消费心理等一系列情况的变化，近年将其企业文化向“本土化”方向转变。一方面依靠体育、流行音乐领域的明星代言人，保持其青年文化站台人的角色——掌握青年，就是掌握未来。另一方面，打造亲情文化、家文化、春节文化、团聚文化等一系列具有中国传统文化内涵的形象，在中国的宴席饮料市场上占据了很高的市场份额。

（2）整合营销传播VS适应性营销

整合营销传播（Integrated Marketing Communication, IMC）这个概念是在20世纪90年代发展起来的。它的目标是协调利用所有的营销沟通工具，向目标受众传递一个一致的、有说服力的信息。也就是把广告、促销、公关、直销、CI、包装、新闻媒体等一切传播活动都涵盖于营销活动的范围之内，协调使用各种不同的传播手段，发挥不同传播工具的优势，同时带来促销宣传的低成本化。

整合营销传播是在大型的、全面型的广告公司实践运营基础上提出来的，它代表了跨国大公司在全球化经济浪潮下的一种自然而然的需求，有其理论上的合理性。但在具体的落地执行上，还需要各种类型的小公司以及各种类型的创意资源与之配合。

随着信息技术的飞速变革，消费者拥有了更多的信息，已经无法忍受广告商单向度的夸夸其谈。这意味着广告营销不能再像大众传媒时代那样，做粗放而简单的广告行为，转而应当依靠更加灵活的生产与创意，不断推出新兴的“微产品”与“微服务”，以适应更加碎片化的、个人化的消费市场，这就是所谓的适应性营销（Adaptive Marketing）。广告活动必须适应、配合这一新兴的潮流趋势。

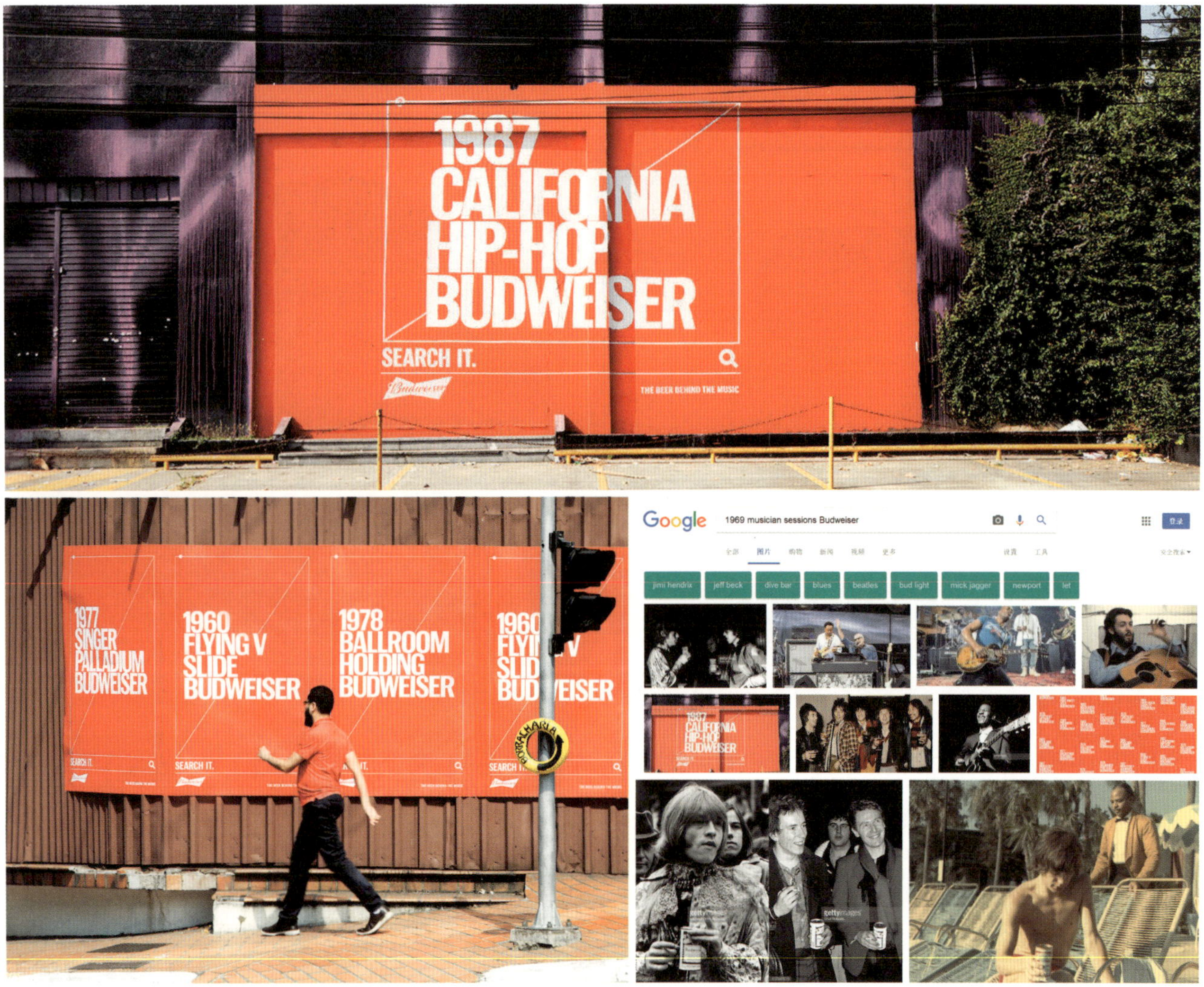

图2-167　百威公司户外广告 / 巴西 / 2018

百威公司在巴西开展了一次广告推广，在街头平面广告媒体中给出一些关键词，人们可以通过这些词搜索到一些传奇摇滚音乐人手持百威啤酒的历史画面。

百威通过这一活动增加了与消费者的互动，更将品牌与摇滚乐文化捆绑在一起，那些富有质感的画面表达了百威是一个历史悠久的品牌，是潮流文化的一部分。

(3)广告团队的组织与协作

根据商业环境与服务对象的差别，广告公司会出现几种类型，以适应竞争需求。

① 全面服务型公司

此类公司包括四项主要职能：客户管理创意服务，媒体计划与购买，客户计划（也就是常说的调研）。一家全面的广告公司会拥有三个主要的职能部门。一是客户部或业务部，负责获取订单、客户沟通联络，对项目完成情况进行内部跟踪的部门。二是创意制作部，负责广播电视、平面印刷等广告的创意制作，包含文案、美工（或摄影、影视制作）人员。三是行政管理部门，负责公司内部日常行政组织、人力资源等方面的管理。（图2-168）

② 专业型公司

此类公司只专注于某些特定领域的广告服务，比如专事媒体购买与运营，比如计算机、药品领域的广告项目运营，比如专门从事公共活动策划等。也有的广告公司只服务于一家大型企业。

③ 小型创意公司

此类公司规模不大，一般在两三人到十几人之间，他们的工作集中在创意设计制作方面，比如设计印刷品、户外广告、广播电视广告——这就有点像全面服务型公司里面的创意制作部。创意型公司一般由设计师、艺术家组成，没有专门的媒体、调研或战略计划制定人员。创意型公司既可以受广告主直接雇佣，也可以受大型广告公司的雇佣。

④ 虚拟公司

这是一种最近一些年流行起来的运营模式，是在新兴互联网条件下产生的。发达的现代通讯传输条件，使得很多项目的完成，不再基于一大群人同时聚集在一个空间和时间里工作。很多自由职业人士能够以分散的形式各自工作，自由、机动、灵活。这能够有效地降低运营成本，也给很多广告主带来实惠。

图2-168 全面服务型广告公司的职能机构表

以美剧《广告狂人》角色为参照制作，其中创意部门是我们需要了解的重点。

4．实践程序

任务一 市场调研与分析

对现有的饮料市场进行调研和分析，寻找目前市场的空白，作为品牌立足的消费诉求点。调研分析需提交正式文本。

任务二 确立品牌名称

根据前期调研的结果，为饮料品牌确立名称。

任务三 设计品牌形象系统

进行品牌形象系统的设计，包括标志、标准字体、标准色、标准应用等。

任务四 设计产品包装

在品牌形象系统的基础上，为该饮料设计外包装。包装形式以系列形式出现，应该形成比较多样和完整的产品线。

任务五 设计广告并进行媒体延伸

在前期形象系统的基础上，构思创意有关该饮料品牌的故事性广告，并延伸到各类媒体上。

5．延伸阅读与参考资源

（1）图书

①（美）唐·舒尔茨．整合营销传播[M]．北京：中国财政经济出版社，2005.
② 乔治·E·贝尔奇．广告与促销：整合营销传播视角[M]．北京：中国人民大学出版社，2009.
③ 卫军英．整合营销传播典例[M]．杭州：浙江大学出版社，2008.

（2）网站

① https://www.chinapp.com 中国品牌网
② https://www.hiiibrand.com 嗨！品牌网
③ http://www.welovead.com/cn 全球广告数据库与创意人社群

品牌形象
拓展资料

★思政训练

1. 思考如何运用传播学的广告专业知识，向世界各国人民介绍中国传统文化与当代建设的成就。
2. 学习了解“美丽乡村建设”的具体内容，思考如何将空间广告的方法与理念运用到其中。

第三章

视野与品位决定高度：全球广告精品赏析

第一节　平面广告

第二节　售点广告

第三节　户外广告

在本教材里，这一章属于欣赏提高版块，介绍世界各国广告的精品。它们分为三个大类：平面、售点和户外，这些都不是全新的广告类型，已经存在很多年了，但是在新的技术条件和社会文化环境中，都具有了更新颖的形式。本教材在选择这些作品时，尤其注重呈现广告业的前沿发展。广大师生在欣赏和参考时，也应当关注其中包含的创新成分，并且把这些新的形式手法运用到课堂实践中。

第一节　平面广告

平面广告是西方“工业革命”后一百年里最常规的广告形式，当下虽然已经不是印刷品主宰传媒的时代，但传统平面广告的原理和方法，依然是有效的，并且仍被新兴的互联网媒体广泛应用。表达观点，是平面广告的重要手法。广告文案包括广告标题、广告正文、广告语（口号）等几个部分。一般而言，标题和口号采用情感式的语言，重在渲染气氛。正文则采用理性化的陈述语言，重在说明事理。

1. 文案主导

文案是广告中的重要元素，文案可以清晰地传达信息，

2. 图形主导

以图形为主的广告，重在用画面本身的创意来推广

图3-1　nissan汽车广告 / TBWA / 迪拜 / 2017

信息。画面的类型有两种，一是故事性的，二是装饰性的。经过长期的大众媒介的信息浸泡，一般读者已经掌握了“读图”的能力，能够通过画面来解读信息。当然，我们在具体采用图形主导的方法时，应当认真考虑信息受众的客观情况，即创意应当考虑到受众的接受能力。

图3-2 norwest登山鞋广告/ Promoplan / 智利 / 2019

雪地中的登山者长出了许多腿，正说明了此款登山鞋的特点——超强抓力，让登山者在攀登雪山的过程中像长出了十条腿犹如抓钩一样能够牢牢抓住湿滑的雪面。且每双脚上都穿着同样的登山鞋，既在画面中起到了重复强调的视觉效果，又向消费者360度地展现了鞋子的外观。

图3-3 皮鞋清洁护理剂广告 / Hanlon Creative / 美国 / 2012

画面中仿佛是小人国，一群全副武装的卫士正护理着皮鞋。在危机四伏的丛林里，卫士们做着保安工作。画面的故事情节非常清晰地告知了产品的性能和特点。画面左上角和右下角是品牌标志和商品包装，清晰地点明了名牌形象。

图3-4 Reporter Magazine / Y&R Prague / 美国 / 2018

该杂志是聚焦于调查性研究，涵盖了许多重要的、具有争议性的话题。

该广告呈现了一系列非常戏剧性的画面，当所有人都在积极盲目地参与同一件煽动性事件时，只有一名手捧Reporter Magazine杂志的人带着认真思考的表情反向走出人群，深刻而直观地传递了该杂志的宗旨，它鼓励读者独立思考，保持冷静和理智。

图3-5 西门子油烟机广告 / Ogilvy Beijing / 中国 / 2012

广告画面中把房子的四面墙壁放倒，正在做饭烹饪的主人公仿佛置身于美妙、开阔的大自然中。做过饭的人都知道，厨房是家庭中比较小的空间，但人们又必须在这里呆比较长的时间，繁忙的劳作，油烟的熏烤，给人带来很不美好的感受。而这则广告中，主人公在鸟语花香的自然环境中，欣然享受着做饭的乐趣，而这一切就是广告中所推销的抽油烟机带来的功效——购买商品可以改善你的生活，这就是商业广告所要告诉你的。

图3-6 jbl耳机 / Cheil / 中国香港 / 2017

画面运用了正负形手法，寓意该品牌的耳机可以帮助你与周围嘈杂不堪的现实生活相隔绝，还给你内心的平静愉悦。

图3-7 欧乐B微蜡牙线 / Guillermo Aracena / 美国 / 2016

画面中的大葱宛如一条黑暗深海中的章鱼，而右上角的牙线盒抛出的牙线就好像钓鱼的鱼线一般。广告寓意是——即使牙缝中潜藏的食物像深海生物一样隐秘，欧乐B微蜡牙线也能钓出它们。

图3-8　环保公益广告 / Pierre-Philippe Sardon / 法国 / 2010

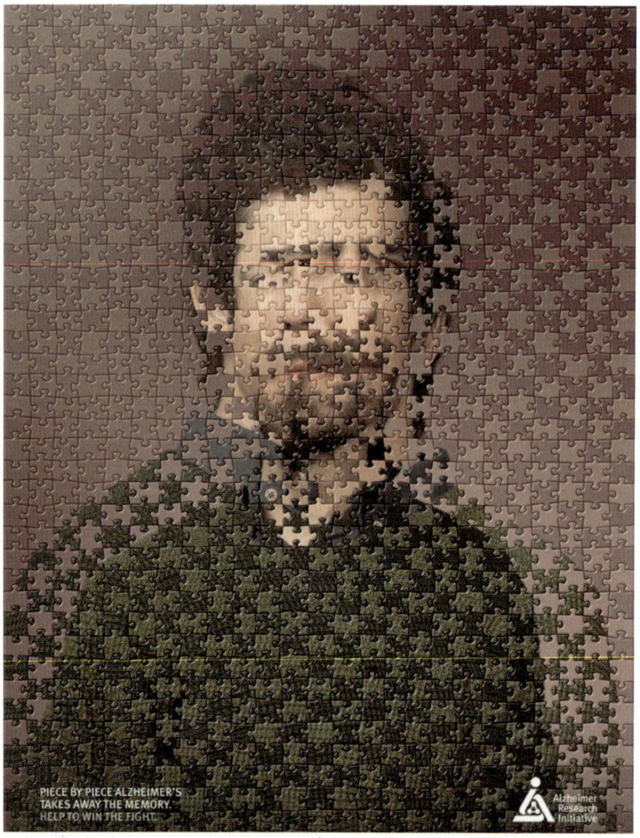

图3-9　关注阿尔茨海默氏症公益广告 / BBDO / 德国 / 2018

图3-10　chupa chups棒棒糖广告 / cheil / 中国香港 / 2019

平面广告
拓展资料

图3-11　welti furrer航空运输公司 / Ruf Lanz / 瑞士 / 2018

著名画家们穿上了物流工作人员的服装在搬运物品，广告借此吸引人们的目光，并传递出这样的信息——我们会像艺术家对待作品那样小心爱护你的物品。

第二节 售点广告

售点广告简称POP（英文Point of Purchase的缩写），意为在销售点、购物场所发布的广告。POP广告以销售现场的空间、设施为媒体，吸引消费者，唤起其购买欲，起到最直接的促销作用。尤其在推出新品时，结合现场体验的POP广告尤其重要。

1. 单一静态类

静态售点广告一般是平面广告形式的，悬挂或放置在商店里。这样的售点广告，在形式与色彩上，必须与所宣传的商品协调一致，具有统一的视觉效果。

图3-12 家乐福超市的售点广告 / Salles Chemistri / 巴西 / 2010

在不同的产品上放置一本相关的文学书籍，比如苹果上的《白雪公主》，生肉上的《开膛手杰克》，以幽默的手法增加了卖场的文化品位。

图3-13　家居实体广告 / Publicis Salles Norton / 巴西 / 2009

在一个按照原大比例制作的建筑平面图上，家居和模特如实展开，给人以一种十分奇异的感受。

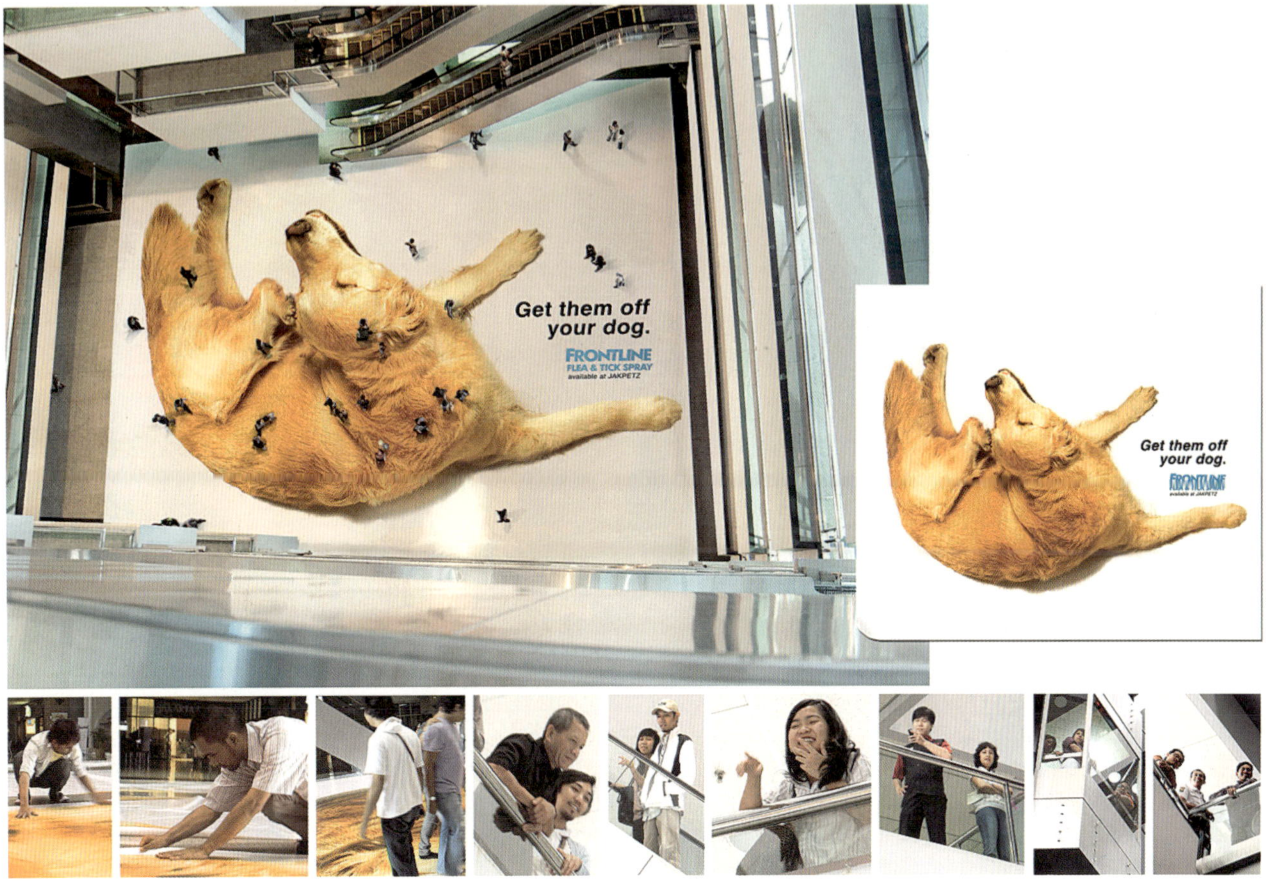

图3-14　Frontline 宠物除蚤水 / Saatchi & Saatchi / 印度尼西亚 / 2014

海报被粘贴在一家商场的一楼地面上，从高处看下去，来往的人们就像跳蚤一样让狗狗直挠痒，于是醒目的广告语也出现在旁边："帮你的狗狗赶跑它们！"这让原本静态的海报变成了一场"真人表演"，所有一楼的人们都成了广告的演员，让高楼层的人们忍不住驻足观看这样有趣的"动态"广告。

2. 综合活动类

一些销售活动规模较大，不拘于卖场内部，而是扩展到户外，利用综合媒体进行广告宣传。促使路人和消费者积极参与到广告活动中来，可以大大提升广告活动的效力。（图3-16、图3-17）

图3-15　爱护动物协会宣传活动 / 扬罗必凯Y&R / 马来西亚 / 2014

爱护动物协会将等待领养的狗狗图像打印在广告牌上，而组成囚牢的是一根根牵狗绳，当牵狗绳被免费领走，广告牌上的狗也象征性地重获了自由，但同时，人们也可以选择在旁边展示的网站上申请免费领养，真正地让一个生命重获自由。

图3-16　小家电广告 / 荷兰 / 2010

这是荷兰一家电器公司的新品推销广告，它把公共汽车站台的广告灯箱改造成为一个放置商品的平台，邀请路人前来品尝饮料机做出的饮品。这种售点广告的形式特别适合推销新品，因为它立即拉近了消费者和商品的距离，帮助他们在现场极短的时间里感受新品，并作出自己的评判。

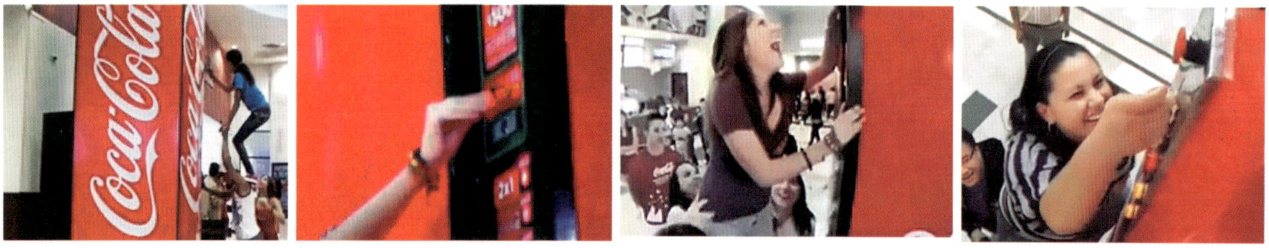

图3-17　可口可乐公司的一次广告活动

在公共场所设置一台巨型自动售货机，投币口有两个人的高度。购买者需要两人合作，才能完成购买行为。一旦成功到达投币口，只需投放一份钱，就能获得两瓶可乐。该活动的主旨并不在于促销本身，而是通过促进年轻人之间的合作，倡导一种人与人之间亲密的社会关系，并把这种积极的正能量融入到可口可乐的企业文化精神中。

图3-18 公益广告活动 / Angry / 乌克兰 / 2019

一个国际移民机构组织创作了这一广告活动。广告主体是一个雕塑装置，人们从洞口向内查看时会发现一个乞讨的小女孩。此时查看者如果按照提示使用闪光灯去查看，可以借由光照发现小女孩背后有一个提线操控者。这一公益广告旨在表达——儿童乞讨活动往往是由幕后黑手操控的，而真相需要人们探究。

图3-19　可口可乐 / 意大利 / 2014

意大利米兰的两只球队——国米与AC米兰——长期同场竞技，并且拥有各自的狂热球迷。可口可乐公司设计了一个贩卖机形式的广告装置，放置在球场两侧的入口处。球迷可以通过贩卖机上的设备与对方球迷对话，在购买可乐时，只有一方按下去，另一方才会吐出罐装可乐。这一广告活动旨在传达体育就是各队球迷之间的共同欢乐而不是分歧。

图3-20　可口可乐 / Y&R / 迪拜 / 2015

迪拜是外来劳工的大量聚集地，可口可乐公司观察到：那些背井离乡的务工人员为了让家人过上更好的生活，在外省吃俭用。他们思念家人，但是电话费昂贵，使他们望而却步。可口可乐公司为此开发了一款电话亭广告装置，人们在此投入一枚可口可乐瓶盖，就能获得一次通话机会。可口可乐公司通过这样的广告宣传活动，树立了一个富有社会责任感、愿意与全社会分享快乐的公众形象。

图3-21　锐步 / INNORED / 韩国 / 2015

这是锐步公司在电影院组织的一次广告活动。电影在播放中途会暂停，需要观众席中被指定的观众穿上锐步提供的运动鞋，在跑步机上奔跑来维持电影的正常播放，最后每位参与者都能获赠一双锐步运动鞋。

图3-22　奥利奥 / 美国 / 2016

纽约街头隐藏了一个奥利奥“魔法工厂”，人们可以找到这个工厂，并转动推杆打开门，品尝到一款还未上市的新口味奥利奥饼干。这是为奥利奥公司即将发布的新口味饼干所做的预热活动。

售点广告
拓展资料

第三节　户外广告

户外广告是非常传统的广告形式，从人类社会初期就有了。不同的是，现代户外广告的形式越发多样和新颖，它们脱离了一般的平面看板形式，有的借助城市的空间与建筑关系，有的借助时间的流逝与变化，有的通过人的参与来实现。

1. 从二维到三维

比起传统的二维平面广告，跨越三维空间的广告形象更加具有震撼力。现代工业的强大制作能力，也为这类广告创意的实现奠定了条件。（图3-23至图3-25）

图3-23　乐高 / 奥美 / 马来西亚 / 2015

想象一下你日常行走的普通街道，在乐高的世界里会是什么样子？乐高在马来西亚的街上树立了这些广告牌，以广告牌后面的真实街景为图像，搭建了一个像素风的乐高世界，使它们看起来就像是连接普通世界和乐高世界的窗口，仿佛一脚就能跨入充满幻想的乐高世界。并且，这些画面真的是由数万块立体的乐高积木拼成的。

图3-24　Deracine润肤产品 / 麦肯 / 土耳其 / 2016

只是改变一下海报的纸张材料，同样可以呈现三维的效果。这则护肤品的广告使用了特制的铝箔作为海报纸张，当它被皱皱地粘贴在墙上时，你只需用手一抹就能将褶皱抹平，让海报中女主角的皮肤焕然一新。这样亲自动手的体验胜过任何文字表达，将产品滋润皮肤、抚平皱纹的特点准确而有趣地传递给消费者。

图3-25　IBM智慧地球 / 奥美 / 法国 / 2013

广告牌变身为凳子、遮雨棚，传递出了IBM智慧地球的品牌概念“智慧让城市更智能”。

图3-26　圣卡塔琳娜公益机构宣传广告 / 2016

安装在墙面上的立体广告牌，由若干片斜面组成，使广告从不同角度观看时呈现画面中儿童不同的状态。该广告旨在提醒人们注意可能隐藏在背后的儿童虐待事件。

图3-27　儿童时代基金会公益广告 / 智威汤逊 / 澳大利亚 / 2014

这则户外广告制造了一个立体效果，好像有一个孩子被海报遮盖封在了墙上。基金会想表示，那些疏无人照看的孩子就像这则广告中一样无法被人看见和重视，而当路过的人们终于注意到去掀开海报时，他们则会看见“谢谢你注意到了我”的字样。基金会希望能让更多人注意到这些无人照看的孩子。

图3-28　早餐店广告 / BBDO / 美国 / 2010

广告背景是一片雪地，寒冬腊月，而公交车站台被改造成了一个烤炉的形象，里面热烘烘的感觉，这给等车的人以及路过的人带来了温暖的感觉，同时也宣传了品牌本身。

图3-29　三星3D全高清电视户外宣传 / Leo Burnett / 智利 / 2013

为了宣传全新的3D高清电视，三星在公园中放置了一个电视机外框的秋千吸引孩子们前来玩耍，在电视机屏幕前后来回摇晃的秋千，正如3D画面给人冲出屏幕一般的视觉感受。

图3-30　节水公益广告 / Sukle Advertising + Design / 美国 / 2015

图中用材料制造了假的水流，提醒人们，当水资源紧缺真正发生，你是无法用其他资源代替它的，从而传达珍惜水资源的理念。

图3-31　Depaul慈善组织公益广告 / Publicis / 英国 / 2015

广告中的文字分别印在墙的两边，但看左边墙上的文字，和连起来看整篇是两种完全不同的意思。这个公益广告在于提示人们，半夜流浪在街头的小孩未必是坏人，他可能遭遇了不幸。如果你遇到这样的小孩，可以联系公益组织Depaul。

图3-32　为探索发现频道的“流行真人秀”电视系列节目所做的广告

在伦敦两处人流集中处放置两座“伦敦刺青人”的巨型雕塑。雕塑上的文身由伦敦文身明星创作，内容反映了伦敦生活的方方面面：炸鱼、薯条、广场鸽等。

图3-33 法制节目户外广告 / BBDO / 新西兰 / 2016

只是用了一盏户外投射灯就加强了犯人被审讯的氛围，强烈的聚光效果及巧妙的手法，非常容易吸引路过行人的注意，从而达到宣传目的。

图3-34 交通安全公益广告 / Vodafone / 英国 / 2010

当巨大的破损以实体的形式出现在我们面前的时候，我们可以体会到交通事故带来的破坏力以及它造成的危害。这则广告以现身说法的形式，强调了注意交通安全的重要性。

图3-35 联邦快递户外宣传 / 2016

快递行业中，每天奔波在街道上的自家运输车本身就是一个活动广告牌。联邦快递巧妙地将自家运输车的后半段改为了竞争对手的车头图像，在车流中让人产生一种视错觉，好像后面的那辆车永远也追不上联邦快递的运输车，就像车身上印着的广告语：“总是第一个到达！”

图3-36　旁氏护肤品 / 奥美 / 菲律宾 / 2011

户外广告可以不单纯是一块方形的广告牌，这两个案例改变了广告牌的传统形状，利用其本身的立体特性和材料做创意，与众不同的展示很容易吸引过往行人的注意。

图3-37　大众迷你车广告 / Crispin & Poter / 美国 / 2010

户外立体广告需要巧借现有的环境和设施，这则广告是依据特定环境量身定制的，灵感来自于路边的两棵椰子树，创意人员把椰子树弯曲捆绑，造成了与画面中汽车飞驰影像一致的效果，也和速度诉求的广告语相一致。

图3-38　DHL物流广告 / 奥美 / 菲律宾 / 2011

言简意赅的户外作品，DHL物流连户外广告牌这么大的货物都能装下。

图3-39　全球和平联盟反战海报 / Big Ant / 美国 / 2014

利用随处可见的圆柱形物体，简单的材料却能深刻地说明其广告内涵：“循环不息的战争终究会伤害到我们自己。”

2. 从三维到多维

一些户外广告的传达效果不是静止的，而是要在一定时间周期内经历物理、化学变化或空间的转移，来传达出一定的广告信息。这种广告需要我们用足够的耐心来感受它们的变化。

现代广告讲求的是信息传递的快捷和强大，强调视觉冲击力，但是在这一类广告中，往往需要用体验时间流逝的感觉来体会，因此尤其具有一种特殊的美感，此类广告有助于树立恒久美好的企业形象。（图3-40至图3-45）

图3-40　TYROLIT 刀具广告 / Heimat / 维也纳 / 2019

这是一则刀具广告。广告画面最初是一块崭新的金属牌子，经历了风吹日晒雨淋及氧化后，广告牌表面逐渐生锈，而经过特殊处理区域（刀具形状）则锃亮如新。

图3-41　惠普公司形象广告 / Silverstein / 美国 / 2008

这组广告利用时间变化、绿色植物的色彩变迁，表达了该公司不断创新、勇攀科技高峰的理念，树立惠普公司业界常青的形象。

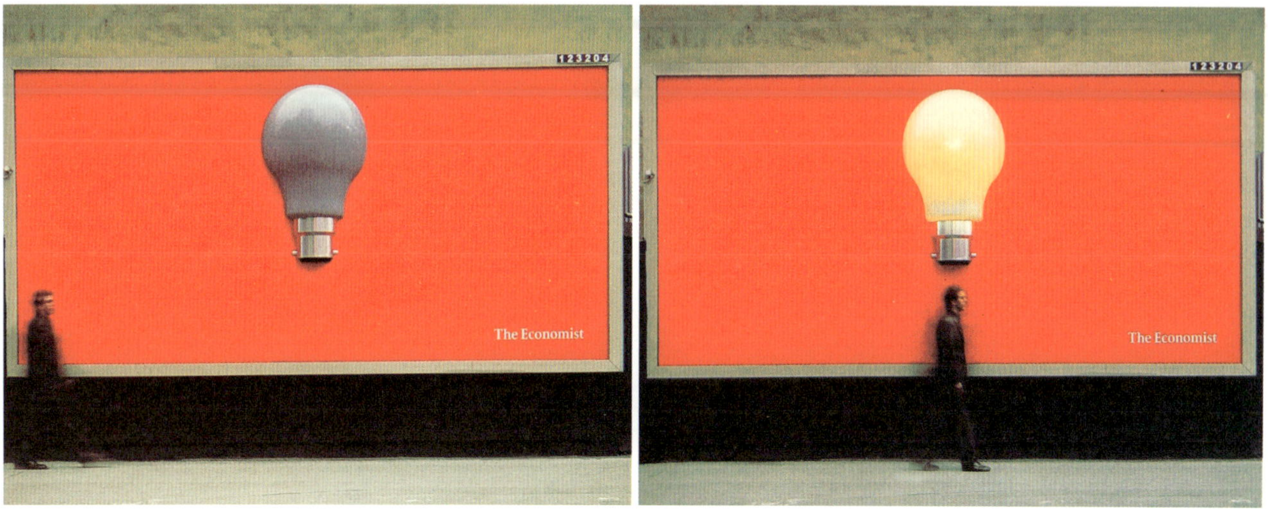

图3-42　电力能源广告 / BBDO / 2008

每当行人经过广告中的电灯泡，感应装置就会点亮灯泡，行人的头顶上就会顶着一个闪亮的大灯泡。这个形象在漫画、卡通片中早已深入人心，广告创作者借用了这个早已约定俗成的形象，并结合广告业主的宣传需要，赋予它新的含义——广告就是利用人们已有的信息经验，搭起沟通的桥梁。

图3-43　多乐士涂料公司的户外广告 / 荷兰 / Low Bull / 2009

这是一个典型的借助时间力量实现的广告创意。当路边花开的时候，人们见证了多乐士产品的绚烂，以及环保、清洁、与自然合一的理念。

这一则广告同样体现了多乐士在色彩领域的专业水准，实现这样一个创意，事先必须对这一树种所开的花朵色彩做出非常准确的估计，才能在广告画面中亮出恰当的色卡。

图3-44　第9频道户外广告活动 / 荷兰 / J Walter Thompson Malaysia / 2004

三枚导弹一路追击着“第9频道”的专车，这是发生了什么？这是这则广告给每一迎面路过的观众带来的惊讶，随即他们就会明白：啊，原来是一个有趣的广告。第9频道充满活力的特色将会在他们脑海中留下深刻的印象。

图3-45 关注癌症患者公益广告 / Garbergs / 瑞典 / 2015

这个广告放置在地铁站里。列车经过时广告牌的内置仪器会检测到高速的空气流动，画面中的女孩头发就会像被风吹起一样飞舞，初看会让观众觉得有趣，但是随后女孩的头发被风吹走，人们才会发现这是一名戴着假发的癌症患者。广告呼吁人们关注癌症患者群体。

图3-46 麦当劳 / Leo Burnett / 沙特阿拉伯 / 2020

在伊斯兰国家的斋月期间，成年穆斯林从日出到日落期间都禁止饮食。于是，麦当劳的广告牌便以沙漏的形象出现了，多彩的沙子从白天开始落下，最终在日落时分形成完整的食物形象，而沙漏上部的麦当劳LOGO也显露出来，告诉人们："现在你们可以来麦当劳享用美味食物了。"这样的创意既尊重了当地宗教习俗，又富有趣味贴近生活，让广告牌成了当地人们的"斋戒倒计时"。

图3-47 宜家的装置类广告 / Bert Callens / 英国 / 2014

宜家在商场中放置了这样一面“魔镜”，当人们照镜子时，它会利用动态捕捉技术在屏幕上显示出不同的赞美语句，给每一位前来购物的消费者带来好心情。

图3-48 美剧《毒枭》开播预告 / Ubi Bene / 法国 / 2017

在街头出现的巨大倒计时沙漏，其中的白色粉末贴合了这部美剧的主题。简单直白地提醒所有路过的人，美剧《毒枭》即将开播。

图3-49 禁烟广告 / Ogilvy Group / 英国 / 2006

用运送危险品的大型车辆，制作了一支巨大的香烟，四处流动广告，宣传香烟的危害。

3. 利用现有空间与设施

户外广告已经不再局限于传统的媒体版块，而是灵活巧妙地利用可以借用的现成空间与设施，与人们的日常生活结合起来。

图3-50　食品零售商U Shops户外广告 / TBWA / 法国 / 2019

U Shops食品零售商主打所有原料自产自销，于是他们直接在自己的原产地树立了几块只有广告语和LOGO的透明广告牌，让广告牌背后的景色直接成了活动背景，直白简洁地告诉你："我们的产品来自这里！"

图3-51 “cat fest”活动宣传 / Extreme Group / 加拿大 / 2016

在树木、电线杆上贴上猫咪喜爱的抓板，吸引猫咪主动前来，同时印上相应的宣传文字。

图3-52 Tibits素食餐厅宣传广告 / BBDO / 瑞士 / 2014

这则广告直接将树干化身为一把叉子，宣传餐厅的蔬菜就像还在生长一样天然新鲜。

图3-53 Berger油漆广告 / 智威汤逊 / 印度 / 2015

利用镂空的广告牌，让油漆的颜色与天空融合为一，体现出这款油漆的颜色自然纯净。

图3-54 节水环保广告 / Ogilvy & Matter / 南非 / 2009

图3-55 kit kat巧克力户外广告 / 2016

图3-56 剃须刀户外广告 / 2014

图3-57 Vaude极限运动装备户外广告 / Scholz & Friends / 德国 / 2015

这则广告直接将印有人物图像的透明贴膜贴在机翼上，运用夸张的手法让人看到，只要穿戴了这个品牌的运动装备，似乎连攀爬飞行中的机翼也可以做到。

图3-58 谷歌公司的户外实景互动广告 / Kolle Rebbe / 德国 / 2010

在各地街头竖起一个电脑框架，把街景尽收框内，每一个路过这个装置广告的行人，都会成为屏幕内的主角和风景。这组广告深刻地、生动地表达了谷歌公司的理念：让信息自由流动，为信息搜索提供尽可能的高科技服务。这组装置广告还有一大好处，行人可以驻足与它互动，留下深刻的广告印象。

图3-59　Calcium Sandoz钙片户外宣传 / Saatchi & Saatchi / 印度 / 2016

将支撑大桥的桥墩化为骨头，用夸张的手法宣传钙片强健骨骼的强大效果。

图3-60　玩具车品牌Hot Wheels / 奥美 / 墨西哥 / 2014

著名的玩具车品牌Hot Wheels在墨西哥城的一个空中通道上放置了一个巨大的男孩立牌，让马路上来往的车辆仿佛变成了男孩的玩具车一样，旨在说明："我们的玩具车就像真实的车辆那样精细逼真。"

图3-61 为推介伦敦国家美术馆馆藏品而作的广告宣传活动

该活动将古典名画的复制品悬挂在伦敦的大街小巷。该活动还专门配套网站，供下载相关资源，比如寻画地图、音频导览等。在当下的电子信息化时代，广告要为观众提供更多的交互手段以及更多的链接资源。

图3-62 Rubin保鲜袋户外广告 / 阳狮 / 德国 / 2016

这则广告出现在树叶落尽的季节，光秃的枯树之间却仍然有一棵保持鲜绿的树，不免引人注意。该品牌在这棵绿树上套上了他们的保鲜袋，向人们传达产品的保鲜持久。

图3-63 反对家庭暴力 / Jung von Matt / 德国 / 2009

将备受虐待的妻子形象制作在一张众人踩踏的地毯上，每一个路过的人都会注意到，引起他们的同情心。

图3-64 Jeep越野车广告 / 扬罗必凯 / 丹麦 / 2011

各种角度刁钻的停车位，告诉人们任何地形对Jeep越野车都不是问题。

图3-65 时尚染发品牌广告 / Leo Burnett / 黎巴嫩 / 2014

通过镂空让广告牌中的女性随着天空的变化而改变发色，从日出到日落呈现着不同的美丽，简洁的创意让大自然为它做了最好的宣传。

图3-66 自然资源保护协会公益广告 / 2014

图3-67 强力胶户外广告 / 恒美 / 中国 / 2014

图3-68 Tops 超市宣传广告 / 麦肯 / 泰国 / 2016

想要宣传自家的水产新鲜，这家超市将形象逼真的鱼形传单挂到了铁网上，好像刚打捞上来的鱼正在渔网上活蹦乱跳。当你好奇地走近翻看时，还能看到超市的打折活动说明。

图3-69　Bushe面包 / Suprematika / 俄罗斯 / 2018

Bushe是圣彼得堡一家知名的面包店。此系列广告利用了城市中现有的空间与材质，借此表现面包店出售的各种商品。

图3-70 《超人》电影广告 / JWT Brasil / 比利时 / 2006

将超人的经典动作与电梯场景结合，当等待电梯的人们对电梯门上的画面不明所以的时候，绝妙的创意会让他们在电梯门打开时眼前一亮。

图3-71 反对黑熊养殖 / supernormalvoice / 韩国 / 2014

来自韩国泰迪熊博物馆的一则户外公益广告，粘贴在地面上的海报做了特殊处理，随着人们来往踩踏，留下的脚印会形成一道囚禁的铁笼。促使博物馆发布这则广告的原因是，韩国有不少取熊胆牟利的黑熊养殖产业，黑熊自始至终都只能被关在狭小的笼子里无法自由活动，但人们对其中的残忍真相却知之甚少或者漠不关心。这则广告在提醒人们："人们的漠视和践踏正让越来越多的黑熊身陷囚笼。"

图3-72　toysdirect.com玩具网站户外宣传 / Robson Brown / 马来西亚 / 2016

一辆公交车像装着电池的巨大玩具车在路上行驶，小孩子们看到了也许会立刻希望拥有一辆这样的玩具车吧，于是车身上印着的彩色网址就发挥作用了，赶紧上网挑选喜欢的玩具吧！

图3-73　3D电影《金刚》户外宣传 / David&Goliath / 美国 / 2017

为了宣传3D版《金刚》的上映，宣传方在沙滩上制造了这些巨大脚印和损坏的车辆，就好像巨大的金刚已经穿过沙滩向城市进发了。特意制造这些真实的场景也旨在说明，3D版的《金刚》将会更加让观众身临其境。

图3-74　乐高 / 阳狮 / 澳大利亚 / 2014

巧用路面的砖块转变成乐高的积木，只用简单的技巧就能吸引路人的目光，将所要宣传的信息传达出去。

4. 情景表演

利用演员或模特，经过一定的化妆和表演，传达特定的广告信息。（图3-75至图3-80）

图3-75　ING荷兰国际集团宣传广告 / Leo Burnett / 意大利 / 2016

ING网上银行的一项调查发现，其大部分客户都来源于原有客户的推荐介绍，于是他们发起了这样一项活动，邀请自己的客户们成为“人体广告牌”，亲自向人们介绍ING网上银行，因为他们奉行：“我们的客户，就是我们最好的广告。”

图3-76　Supor苏泊尔不粘锅户外宣传 / 李奥贝纳 / 中国 / 2012

在广场中央放置了一个巨大的不粘锅形象，但这实际上是一个滑板滑道，由专业滑板运动员扮演的鱼虾食品在滑道上左右穿行，从正面看，就像这些鱼虾在不粘锅中自由滑动、丝毫不粘，这样精彩专业的运动表演非常吸引人群，也精准生动地向观众传达了产品特征。

图3-77　禁烟广告 / 美国 / 2009

由模特扮演死神，拿着打火机四处游荡，给瘾君子点烟，还有比这更加触目惊心的禁烟广告吗？当一个货真价实的死神走到面前时，谁不会震惊和沉思呢？

户外广告
拓展资料

图3-78　蒂姆伯顿电影展 / 恒美 / 澳大利亚 / 2014

在蒂姆伯顿电影展期间，主办方安排了经典角色无头骑士亲自驾驶马车送观众前往展览地点，这样难得一见的场景，为展览吸引了更多观众。

图3-79　时尚品牌广告 / Scholz & Friends / 德国 / 2010

流动广告不一定非要印制在大型的公交车上，雇请一个美丽的模特，挎上一个特制的巨型包在路上行走，同样可以引起非常高的回头率。当然，一定要记住，我们宣传的不是模特，而是客户的产品和服务，那么一定要把那个包做得足够大，让路人迅速掌握重点。

图3-80　时尚广告 / Lowe / 新西兰 / 2010

这则橱窗广告结合了假人模特和真人模特，他（它）们一起扮演一出发生在公交车内的情景剧，以此来宣传某时尚品牌。

后记
POSTSCRIPT

林家阳教授是我的老领导。2000 年我本科毕业，到无锡轻工大学（后更名为江南大学）设计学院求职，如愿成为一名大学教师。那一年的几十位外来求职者中，不乏海归和研究生，但我是唯一的幸运儿。

我前往那里应聘，有一个重要的原因：20 世纪 90 年代林老师留学归国，在该校开展了一场多方位的设计教育改革，影响波及全国。读大学的时候，我在书店看到他编著的教材《图形创意》，心情非常激动，眼前仿佛打开了一扇明亮的窗户。因此，年轻的我想去看看，那里到底在发生着什么。

那次求职非常顺利，如今回头再看，简直难以置信——仅仅一份履历材料，一次试讲，几天后我就接到了人事部门的录用通知。无锡虽然是我的家乡，但我父母都是普通的劳动者，不能为我请托，凭借自己的勤奋和实力，幸遇评审团的慧眼与公正，我就这么实现了梦想。

多年以来，林老师强烈的批判精神给我留下了深刻的印象。20 世纪 90 年代国内设计教育界死水微澜，林老师是砸破寂静、激起塘底腐烂沉渣的最大一块陨石。徐悲鸿说的“独执己见，一意孤行”，我看很适用于他。林老师是个实干家，经常组织国际性、全国性的学术活动，先后提出了“设计与创新”“设计教育与知识经济”等富有开创性的命题。林老师做事不拘一格，我，一个新来的年轻人，经常信口给院长提建议：小到图书馆资料的使用和保护，大到国际学术活动的专家人选，居然多被采纳。我在高度行政化、科层化的高校里待了近 20 年，这样的事情不多见，今后也不会常有。

我因 20 年前的一本教材而认识林老师，如今多次参与他组织的教材编写工作，越发深感教材编写的意义与责任。本书的核心版块是我课堂教学的实践案例，感谢在课程中积极行动的同学们。他们来自中国美术学院设计学院，还有法国肖蒙海报节国际 workshop 中的各国学生。有些同学已经成为业界知名的新锐设计师，我为他们喝彩。

朱海辰